「簡潔さ」は
最強の戦略である

Simple

Smart Brevity
The Power of Saying More with Less

ジム・バンデハイ　マイク・アレン　ロイ・シュウォーツ
須川綾子 訳

ダイヤモンド社

SMART BREVITY

by

Jim VandeHei, Mike Allen and Roy Schwartz

This edition published by arrangement with Workman,
an imprint of Workman Publishing Co., Inc., LLC,
a subsidiary of Hachette Book Group, Inc., New York, New York, USA,
through Japan UNI Agency, Inc., Tokyo

INTRODUCTION

言葉のもや

スマート・シンプル・カウント

2900字

6分

人類史上、これほど多くの場所で、これほどの速さで、これほど大量の言葉が吐き出されたことはいまだかつてない。

なぜそれが重要か？

この前代未聞の厄介な現象のせいで、受信トレーはあふれ、職場は混乱し、思考は妨《さまた》げられている。そこで私たちが思い至ったのが**スマート・シンプル（賢明な簡潔さ）**という発想であり、本書の執筆だった。

はっきり言おう。あなたは言葉の囚人だ。いつでもどこでも言葉を書き、読み、耳を傾けている。

▼チャット。メール。SNS。携帯メール。メモ。ビジネス文書。言葉、言葉、言葉。

▼私たちは日々、言葉を聞き、眺め、読み、小さなスクリーンでさらに延々と言葉をついばんでいる。

そのせいで脳は疲れ果てている。大量の言葉をたえず感じ、目の当たりにしている。集中力と忍耐力は低下し、さらに言葉づけになる。スクロール。ななめ読み。クリック。シェア。

▼目の動きを追跡した調査によると、私たちが1つの記事を読むのにかける時間は平均26秒。

▼クリックしたページに費やす時間は平均15秒未満。さらに驚くデータも。ある研究によれば、クリックした情報が気に入るかどうか、脳は0・017秒で判断している。気に入らなければすぐに次へ。

▼ほとんどの記事はろくに読まずにシェアされている。

そして私たちは、少し経《た》つとそわそわし、また携帯に手を伸ばす。すぐに得られる喜びを求めて、あるいはただなんとなく。笑えるもの、腹の立つもの、最新情報、いいね、リポスト……。

こんなふうに追いかけていたら、集中などできるはずがない。携帯をチェックするのを我慢し、文章を深く読み、内容を心にとどめ、大事なことに気づく――そんなことはますます難しくなる。

▼私たちは毎日344回以上も携帯をチェックしている。じつに4分に1回の頻度だが、これは少なく見積もってのこと。しかも、人間の行動に関する調査によれば（そして著者たちの直感からも言え

ることだが)、こうしたアンケートの回答者とは、実際より少なめに数字を申告するものだ。

▼私たちは画面に現れた情報について、ほとんどはしっかり読むのではなく、ざっと目を通すだけ。

▼私たちはメッセージやポスト、検索、トレンド、グループチャット、動画、書き込みなどによってもたらされるドーパミンの分泌を、ますます強く求めるようになっている。クリック、クリック、クリック……。

科学とデータが物語ること

このような行動が大人の脳の配線を組み替えていることを示す証拠は、じつのところほとんどない。

むしろ、人はこれまでもずっと注意散漫だった。近年、分刻みで気を散らすものが爆発的に増えたせいで、よけいに頭が混乱しているのだ。

▼人の2つの弱点が脅威にさらされている。私たちはそもそも、マルチタスクが苦手

である。そして、注意が逸《そ》れた際、集中力を取り戻すのも苦手だ——たいていの人は、気が散ってから集中モードに戻るまで20分以上かかる。

▼昔ながらのコミュニケーション方法が、この新たな混沌《こんとん》状態になじまないのも無理はない。

全体像

私たちは起きているあいだはいつも、雑音や取るに足りない言動に惑わされている。さらにはベッドに入ってからも端末をいじっている。まさに現代の狂気だ。

こんなふうに言葉のもやが深まった背景には、2つの根本的原因がある。1つはテクノロジーの発展、もう1つは私たちの根深い悪習である。

1 インターネットとスマートフォンの登場により、突然、誰もがあらゆることを大々的に、いつでも瞬時に、しかもただで発信し、閲覧《えつらん》できるようになった。誰もが平等に、フェイスブックやグーグル、X、ティックトックを使えるようになったのだ。そして私たちは中毒になっている。

思ったことはなんでもシェアできる。自慢したいときも、頭にきたときも、すぐに投稿できる。わからないことがあれば検索できる。どんなテーマでも、役に立ちそうな動画をすぐに見られる。

2 ところが、人はメールや手紙、メモ、論文、記事、本などを、1980年と同じように書いている。

考えてみよう。私たちが使える時間は少なくなり、選択肢は増え、集中力はたえず乱されている。

にもかかわらず、私たちは相変わらず昔と同じ数の言葉を吐き出している。あるいは、もっと多くの言葉を。何世代も前と同じ書き方をしているのだ。

人が冗長なのは昔からだ。17世紀、数学者・哲学者のブレーズ・パスカルは手紙のなかでこう言い訳している。

「短い手紙を書く時間がなかったので、長い手紙になりました」

▼誰もが長い文章を書いている。言葉をやたらと使うことで、知ったかぶりをし、知

性をひけらかそうとしている。これは仕事でも、個人的なメールでも、ジャーナリズムでも見られる。

▼私たちは、長さは深さや重みとイコールだと教えられる。教師はレポートの字数や枚数を指定する。雑誌の長い記事は重々しさの証しとされる。本の厚さは著者の知性の証しとされる。

▼さらにテクノロジーが、この長文至上主義の傾向を、膨大な時間を奪う致命的問題に変えてしまった。

その結果、大量の言葉が浪費されている。

▼注意を払うべき仕事上のメールのおよそ3分の1が未読である。
▼大半のニュース記事のほとんどの言葉は無視されている。
▼世の中の本のほとんどの章は開かれることさえない。

この問題はアメリカの大多数の職場でひどく深刻だ。アップルでも、小さな企業でも、スタートアップでも、社員の意識をいちばん重要なことに集中させるのがかつてないほど難しくなっている。

▼コロナパンデミック以降、どこでも仕事ができる世界が現実になった。一方であらゆる企業やリーダー、若手ビジネスパーソン、働きざかりの世代にとって、コミュニケーションが扱いづらく、頭の痛い問題になった。

▼これはどんな組織にとっても切実な問題だろう。分散化した世界において、活気ある組織文化を育み、明確な戦略を立て、スピーディーに実行するには、効果的なコミュニケーションが不可欠だからだ。

▼スラックの元CEOスチュワート・

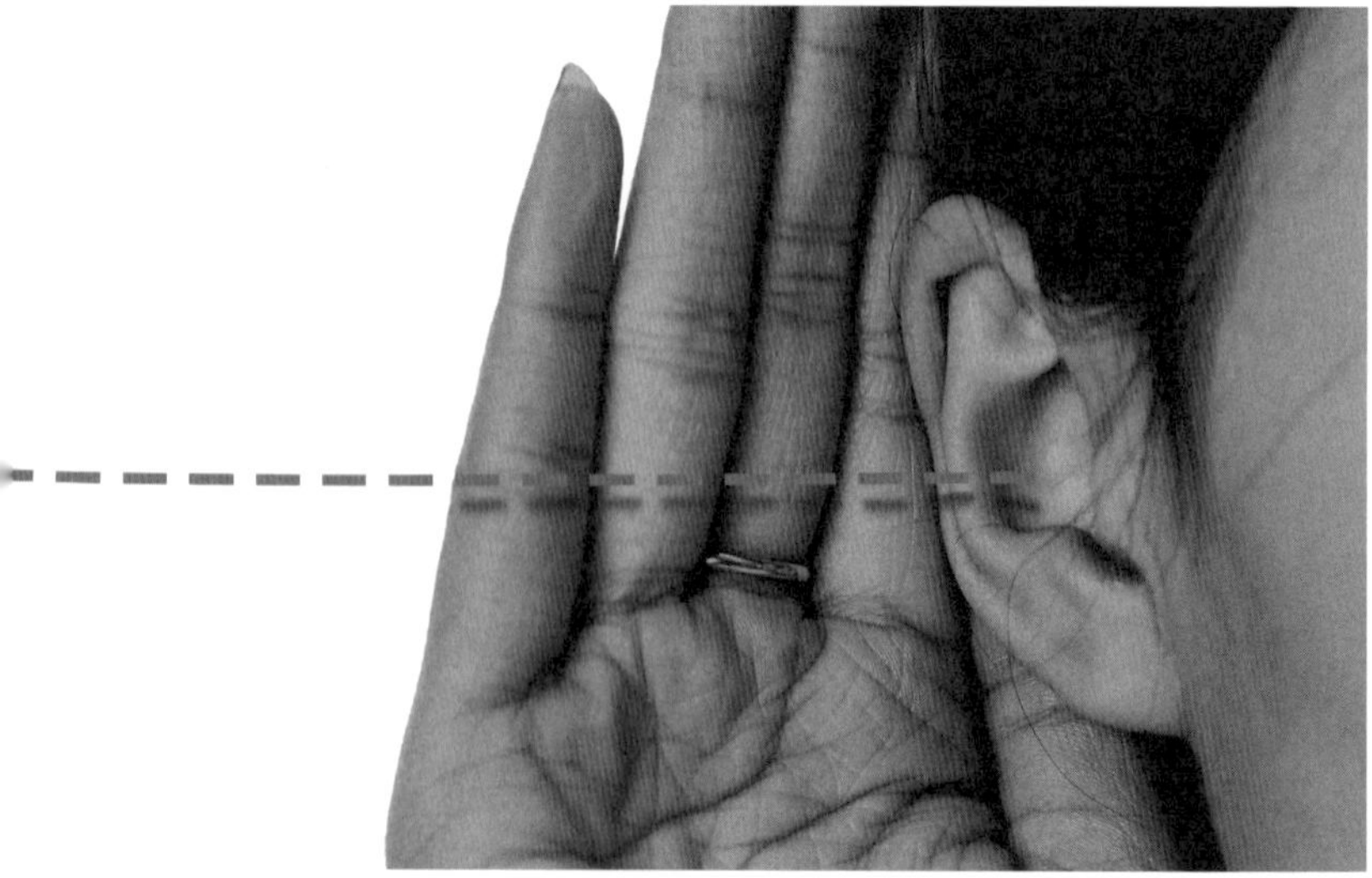

バターフィールドによれば、人件費10億ドル、社員数1万人の企業を想定すると、平均的な社員の労働時間の50~60パーセントは何らかのコミュニケーションに費やされるという。それなのに、コミュニケーションをアップデートさせるツールやトレーニングを誰も提供していない。

結論

私たちの誰もがとてつもない難題に直面している。

　この混乱のなかで、重要なことに注目してもらうには、いったいどうすればいいのか？

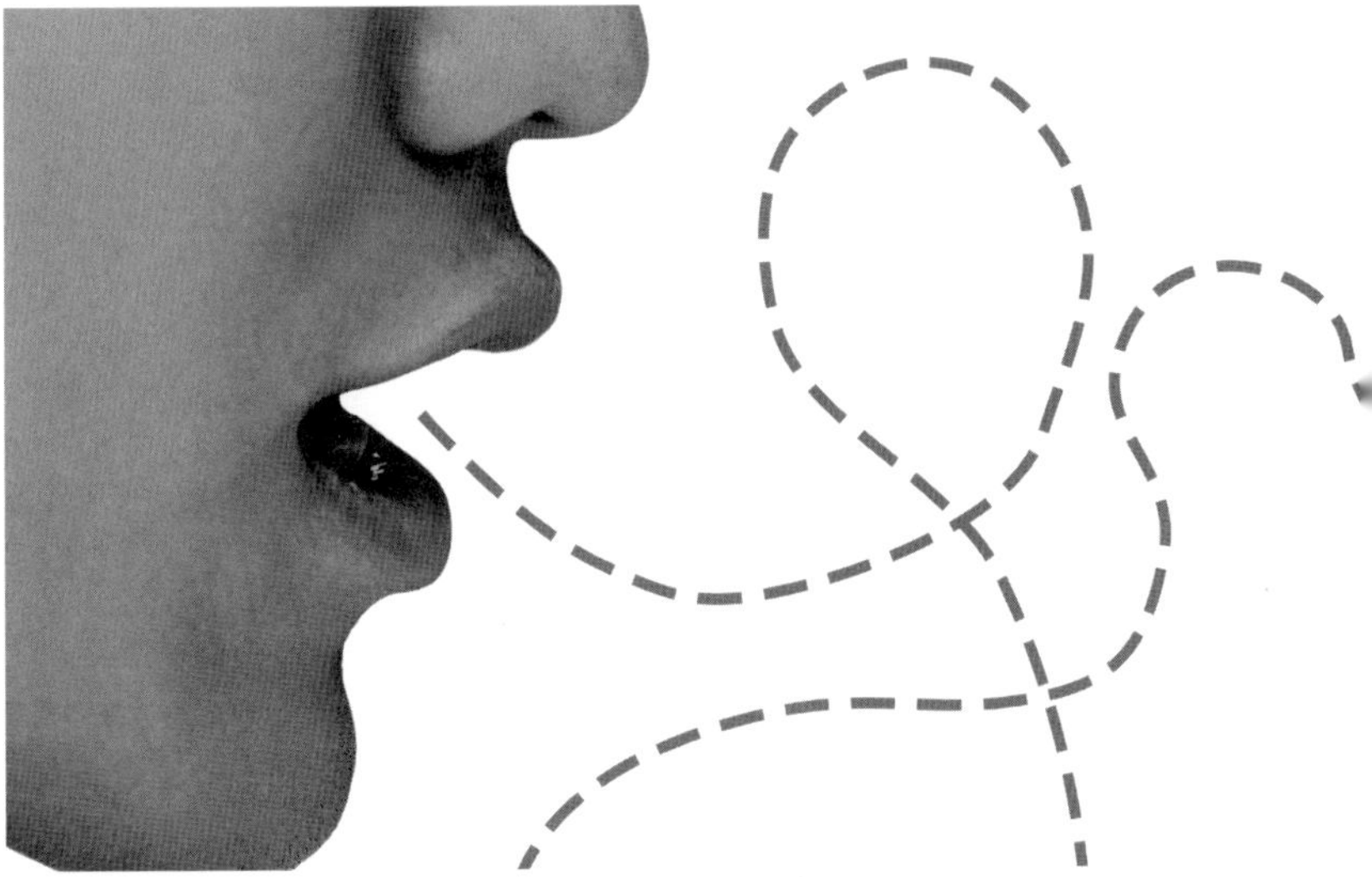

私たちの解決策

コンテンツの消費のされ方に自分を合わせること。自分の理想や、かつて正しかったやり方を押し通してはいけない。

そこで、コミュニケーションの方法をすぐに見直す必要がある。それを実現するのがスマート・シンプルの導入だ。

あなたにとっての利点

あなたはノイズを払いのけ、もっとも重要なことを伝え、価値ある考えをわかりやすく伝えられるようになる。さらに、この思考とコミュニケーションをめぐる新たなアプローチには「感染力」があるので、周囲にもポジティブな影響を与えられるだろう。

目次

Simple

「簡潔さ」は最強の戦略である

第1部

「賢明な簡潔さ」とは何か？

「短い」とは「賢い」ことである。

第2部

「簡潔にする」ノウハウ

「知るに値する」ことを凝縮させよ。

第3部

「簡潔にする」実践術

「あらゆるもの」がもっと簡潔にできる。

※各章冒頭の「スマート・シンプル・カウント」は、各章の文字数（概数）と読了に要する時間の目安。

第1部

「賢明な簡潔さ」とは何か？

「短い」とは「賢い」ことである。

第1章

短く、しかし浅くはしない

スマート・シンプル・カウント

2500字
――――
5分

私たちがヴァージニア州アーリントンで立ち上げた「アクシオス」の編集室の壁には、ランチのしみがついた紙切れが貼ってある。それにはこう書かれている。

「簡潔さは自信。長さは恐怖心」

なぜそれが重要か？

私たちはニュースメディア企業を経営している。つまり、言葉をつむぎ、ＣＥＯや政治家、管理職、好奇心旺盛な大のニュース好きなど、影響力が大きく、要求の厳しい読者にその言葉を消費してもらうことによって生き、呼吸し、収入を得ている。

▼そこで、「言葉のもや」に対して私たちが考え抜いた解決策は、人々が発し、消費する言葉を減らすよう促すこと——しかも大幅に。

私たちはこれを「**スマート・シンプル**」と名づけた。思考を研ぎすまし、より明快に伝達し、自分と相手の時間を節約するための仕組みであり、戦略である。これにより、ずっと少ない言葉ではるかに多くの内容を伝えられるようになる。それこそがスマート・シンプルの最大の力だ。

▼インターネットの普及により、情報の消費をめぐる行動は激変した。ところが、情報が氾濫《はんらん》する環境にあっても、私たちが文章を書き、情報を伝える方法はほとんど変わっていない。

スマート・シンプルはこの問題に真正面から立ち向かう。本書では、力強い言葉と短い文章、関心を集めるタイトル、シンプルな見た目、整理された論理展開によって、

「読みとばされる文書」を記憶に残る「必読の文書」へと変える方法を明らかにする。

▼人々の消費動向のデータ、現代のデジタル環境や職場の変化、私たち自身の仕事上の経験から、より短く、賢く、シンプルに伝えることの驚くべき効果を示す。

▼私たちが2つの企業（アクシオスとポリティコ）を創業し、アメリカのジャーナリズムの世界で成功を収め、リーダーとして、また人として成長するのに役立った戦略を伝授する。

▼その合間に息抜きも兼ね、読者が仕事と日常生活でスマート・シンプルを取り入れられるように、面白くてためになるエピソードを紹介する。

私たち著者3人はニュースメディア企業を経営しているが、本書はジャーナリスト向けではない。誰にでも役立つ内容だ。

▼学生なら、スマート・シンプルによってレポートやプレゼンの魅力を高めることができる。

▼営業職なら、プレゼンをより明快なものにできる。契約の獲得にもつながるだろう。

▼企業、自治体、非営利団体など、何らかの組織の運営に携わっているなら、スマート・シンプルによってメッセージがより明確で印象的になり、誰もが足並みをそろえ、やる気をみなぎらせるだろう。

▼他人に重要な情報を伝えたいなら（管理職、教師、地域のリーダーなど立場は問わない）、相手に話を聞いてもらう秘訣が本書で明らかになる。

結　論

相手があなたの言葉を理解してくれなければ、もしくは耳を傾けてくれなければ、戦略やアイデアに賛同してもらえるはずがない。

▼昔ながらの伝え方では、まず誰も聞いてくれない。

▼本書は考え方を抜本的に見直す方法を

説明する。習得すれば、あなたの文書はこのうえなく明快になるだろう。

言葉を減らして効果を高める

スマート・シンプルという発想に懐疑的な読者もいるかもしれない。

▼最初はたいていの人がそうだ。じつは、私たちもそうだった。

アクシオスの創業者は3人とも、かつては上司のために言葉を生み出し、まずまずの暮らしを手にしていた。

ジムの妻オータムは大の読書好きで、当初、本書のコンセプトを毛嫌いしていた。iPhoneで本書の原稿を手早く書く父親を見て、子どもたちもうさんくささく思っていた。そんな彼らに言ったのは次のようなことだ。

▼私たちはなにも、小説や詩、ラブレター、ちょっとした会話など、言葉の世界に浸《ひた》る時間が無駄だと言うつもりはない。

▼これからも『アトランティック』誌をめくり、名著をむさぼり読み、『ゴッドファーザー』を観るべきだ。

また、「とにかく短く書けばいい」と言うつもりもない。単刀直入で相手の役に立ち、時間を節約する表現を心がけることで、文章に魂を込め、特徴を打ち出さなくてはならない。大切な事実や細やかなニュアンスを省いたり、単純化しすぎたり、レベルを下げて書き直したりすべきではない。「短く、しかし浅くはしない」と記者たちには教えている。

さらに知る

私たちはこう訴える。デジタル世界で重要な情報を際立たせたいなら、伝え方を根本的に見直し、メッセージの魅力を高めること。

▼ほとんどの人は、あなたが書いたものをなため読みするか、大半を読みとばしている。だからこそ、一字一句を有意義なものにしなくてはならない。

▼より少ない時間でより多くの価値を共有する。

▼読み手を最優先に考える。人は忙しく、見返りを期待して貴重な時間を差し出している。基本的に、人々が知りたいのは、新しい情報と、それがなぜ重要かということに尽きる。相手の欲するものを与えること。

▼読み手の心を動かすには、これまでのやり方やスタイルを変えること。それもいますぐに。

実行すれば、すぐに大きな効果を得られるだろう。

▼スマート・シンプルを導入すれば、仕事では効率と成果が高まり、伝達者としては説得力が増し、ソーシャルメディアではもっと有意義で、インパクトのある存在になれる。あなたの声と言葉はかつてないほど響きわたるだろう。

▼スマート・シンプルは、1日のなかで時間を浪費するさまざまな場面について再考する機会にもなり、思想やアイデア、最新情報、報道などを伝えるときには、自分

自身のエゴや悪癖ではなく、読み手を優先できるようになる。

▼最大の恩恵を受けるのは、あなたが語りかける相手だ。スマート・シンプルによって、ＣＥＯや管理職たちは膨大な時間を節約でき、企業は目標に向かって足並みをそろえ、創造性を発揮し、いちばん重要なことを明確にできる。これは職場だけでなく、学校にも、教会にも、大学の寮にも当てはまる。

いちばん大事なこと

あなたはすぐに、かつてないほど自信に満ちた声で、はっきりとメッセージを伝えられるようになるだろう。そして、誰もがあなたのいちばん伝えたいことに耳を傾け、それを心にとどめてくれるのを（うまくいけば賛同してくれるのを）目の当たりにするはずだ。

第2章

スマート・シンプルとは？

スマート・シンプル・カウント

6200字
12.5分

スマート・シンプルとは、この混沌としたデジタル世界において、情報の創造、共有、消費について考える新たな手法である。

なぜそれが重要か？

物事をスマートに、そして短く表現すること。その両方を習得すれば、思考を研ぎすまし、時間を節約し、雑音をはねのけることができる。

▼ほとんどの人は言いたいことを思い浮かべると、それを感傷的な言葉やくどくどした補足、無意味な余談で台無しにしてしまう。簡潔さが犠牲にされている。

全体像

たとえばバーでビールを飲んでいるとき、またはコーヒーを飲みながら友だちと情報交換をしているとき、あなたはどんなふうに情報を得て、どんなふうに面白い話をしたいか考えてみよう。

▼人は新しいことや目からうろこが落ちるようなこと、胸が躍るようなことを知りたがる。また、要点をまとめ、「なぜそれが重要か？」を説明してもらいたいと願っている。そして、視覚や言葉など何らかの刺激を受けて、「さらに知る」対話を続けるかどうかを判断する。

▼だとすれば、こう自問してみよう。自分はなぜそれとは正反対の――とりとめがなく自己中心的、要領を得ず注意散漫、退屈でわずらわしい――手紙やレポート、メール、メモ、ＳＮＳの投稿を書くのか？

▼人は進化の過程で何をまちがえたのか、話すときは、しゃれた言葉をちりばめて、くどくどと自慢話ばかりするようになってしまった。ものを書くときは、堅苦しい文体でぼやけたことを複雑に書くようになってしまった。

ビジネス紙の「そぎ落とす」技術

スマート・シンプルの生みの親は、『ウォール・ストリート・ジャーナル』紙で長年活躍した、私たちの世代のもっとも偉大な議会担当記者、デイヴィッド・ロジャースだ。

2000年代初め、デイヴィッドは無愛想で遠慮がなかったが、ジムのよき師だった。同紙で記者になったばかりのジムは、詩人のウォルト・ホイットマンになった気分で、優雅な文体でとりとめのない文章を書いた。

デイヴィッドに見せると、「たわごとだ」と一蹴《いっしゅう》された。デイヴィッドはそれをプリントアウトすると鉛筆をつかみ、読者の心に届く文章に修正した。冒頭の短く鋭い1文で概要を示し、無駄な語句をすべて削った。そして強調したいファクトや引用にメリハリをつけるのがいかに大事かを説き、各パラグラフが事実の背景を説明する構成になるよう求めた。

何年か過ぎて、このときの指導がスマート・シンプルというスタイルを確立する助けになった。

文章に「仕組み」を取り入れる

ほとんどの人は文章を書くのが苦手で、思考があいまいだ。

▼これは誰もが感じている。いいアイデアや意見が頭に浮かんだとする。戦略の見直し、友だちを結びつける方法、大事な仕事の売り込みなど。ところがそれを文字にすると……たちまち大きな泥のかたまりのようになってしまう。他の人が同じことを話しはじめると、とても賢そうに聞こえるのに。何が問題なのだろう。

スマート・シンプルとは、コミュニケーションにおいて自分のとくに悪い衝動や癖を矯正する衣服だと考えよう。思考を整理して組み立て、パンチのある言葉で伝える手段だ。

▼スマート・シンプルを身につければ、言うべきことを思いつくたびにゼロから始める必要がなくなる。あなたは再現できる仕組みを手に入れ、同席者のなかでいちばん賢く、理路整然としていると見られるようになるだろう。

何年もかけて磨きあげたこのレシピのおかげで、私たちアクシオスのニュースサイトはアメリカで最大級の読者と利益を獲得するまでになった。

しかし、みなさんにとってさらに重要なのは、このレシピによって、アメリカでも有数の革新的な企業や思想家が、多様な相手に向けて情報を伝えるスタイルを変えはじめているということだ。

▼裏話：アクシオスを創業してから数年が経ち、ＮＢＡから大手航空会社、非営利団体に至るさまざまな組織の上層部から似たような問い合わせが舞い込むようになった。「うちのボスがアクシオスの記事を読んでいて、スマート・シンプルをすごく

気に入っています。うちでも同じように情報を伝える方法はないですか？」

▼私たちの最初の回答：わが社はニュースメディアであり、文章教室ではありません。

ところが問い合わせはどんどん増えていった。そこで、私たちは有能なジャーナリストならば誰でもそうするように、調査を行った。世界でも指折りの企業が、私たちのようなメディア企業に救いを求めるほどコミュニケーションに苦労しているのはなぜなのか、知りたいと思った。

▼ミット・ロムニーは共和党の大統領候補だったとき「企業も人である」と言ったが、（ある意味）正しかった。私たちの誰もがそうであるように、企業も言葉の嵐に麻痺《まひ》しているからだ。問題の規模は個人のレベルとは比較にならないが、本質は同じである。

企業もまた、誰が何のために読むのか不明瞭きわまり

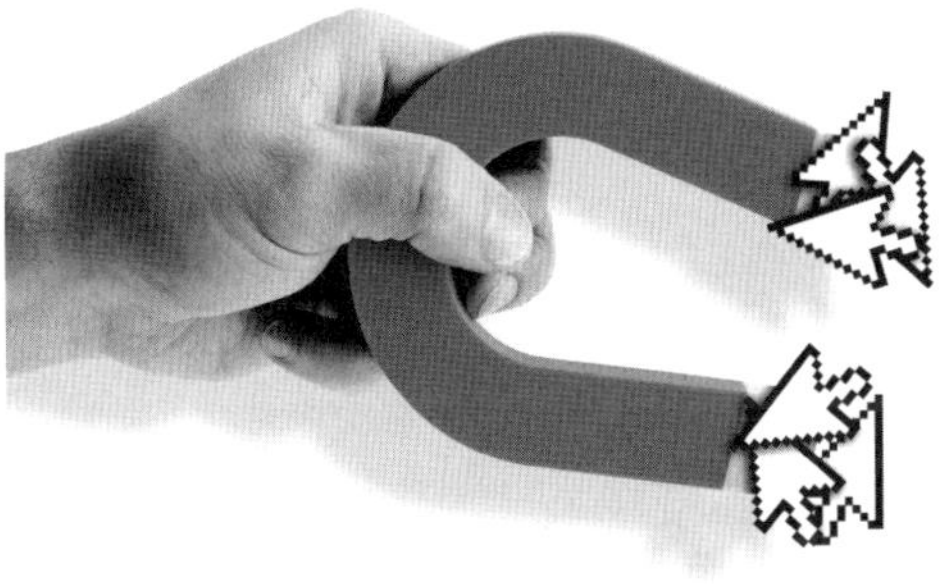

ない文書やメール、社内報であふれ返っていた。実際、調査を重ねると、社員が途方に暮れ、疎外感を覚え、混乱していることがわかった。

すべてに目を通していたら、何も記憶に残らない。

そこで、私たちは何十万という記事の執筆から学んだ知識を総動員し、社外の人々がスマート・シンプルでコミュニケーションできるよう支援するAIツールを開発した。

▼名前は「アクシオスHQ」。文書による情報伝達を大きく向上させたいと願うあらゆる人に役立つ、スマート・シンプルの学習ツールだ。

▼このツールは、何百もの大組織がスタッフや有権者、顧客とのつながり方を変える支援をしている。NLF、ロクをはじめとする一般企業、テキサス州オースティン市長などの政治家、学校、不動産業界。これらの組織はアクシオスHQを活用してエンゲージメントを2~3倍まで高めることに成功している。みなさんもそのノウハウを活用できるように、本書では多数の事例を紹介する。

スマート・シンプルの「4つの原則」

文書で実践するスマート・シンプルには4つの原則があり、どれも簡単に学んで実践できる。しかも教えるのも簡単だ。以下は、あらゆる状況に当てはまるわけではないが、どんな改善が可能かを理解するための第一歩として役立つだろう。

①「タイトル」で心をつかむ

記事のタイトルでも、メールの件名でも、SNSなどの競合から誰かの注意を引き離すには、短く強い語句が必要だ。

②「リード文」でいちばん大事なことを伝える

最初の1文（＝リード文）はもっとも印象的であること。相手の知らないこと、知りたいであろうこと、知るべきことを伝える。単刀直入に、短く、鋭い文にする。

③「なぜそれが重要か？」で文脈を示す

人は誰もが知っているふりをする。マイクと私は「フォーチュン500」に名を連ねる企業のCEOたちと話をするなかで、それを学んだ。

だが、私たちが実際に詳しく知っていることはほんのわずかだ。

誰もが質問することを恥ずかしく思ったり、恐れたりしているが、新しい事実やアイデア、見解が「なぜ重要なのか」については、ほとんどいつも説明してもらう必要がある。

④「さらに知る」で詳細を伝える

相手が望む以上のことを読ませたり、

1:46
◀ Outlook
AA axios.com
AXIOS
Mar 24, 2022 - Economy & Business
CEOが
ぼっちランチ
Erica Pandey, author of Axios @Work
Illustration: Aïda Amer/Axios
オフィス勤務が再開しつつあるなかで、出社を望むのは経営層のみ
なぜそれが重要か?：ハイブリッド勤務につい

タイトル ❶

リード文 ❷

聞かせたりしてはいけない。さらに知りたいかどうかの判断は相手に委ねること。

続く内容は「イエス」と判断されたときだけ読んでもらう。本当に時間を割くに値する内容にすること。

この4つの原則を、スマホの画面に当てはめてみたのが、下の左右の画像だ。

これであなたもスマート・シンプルだ。

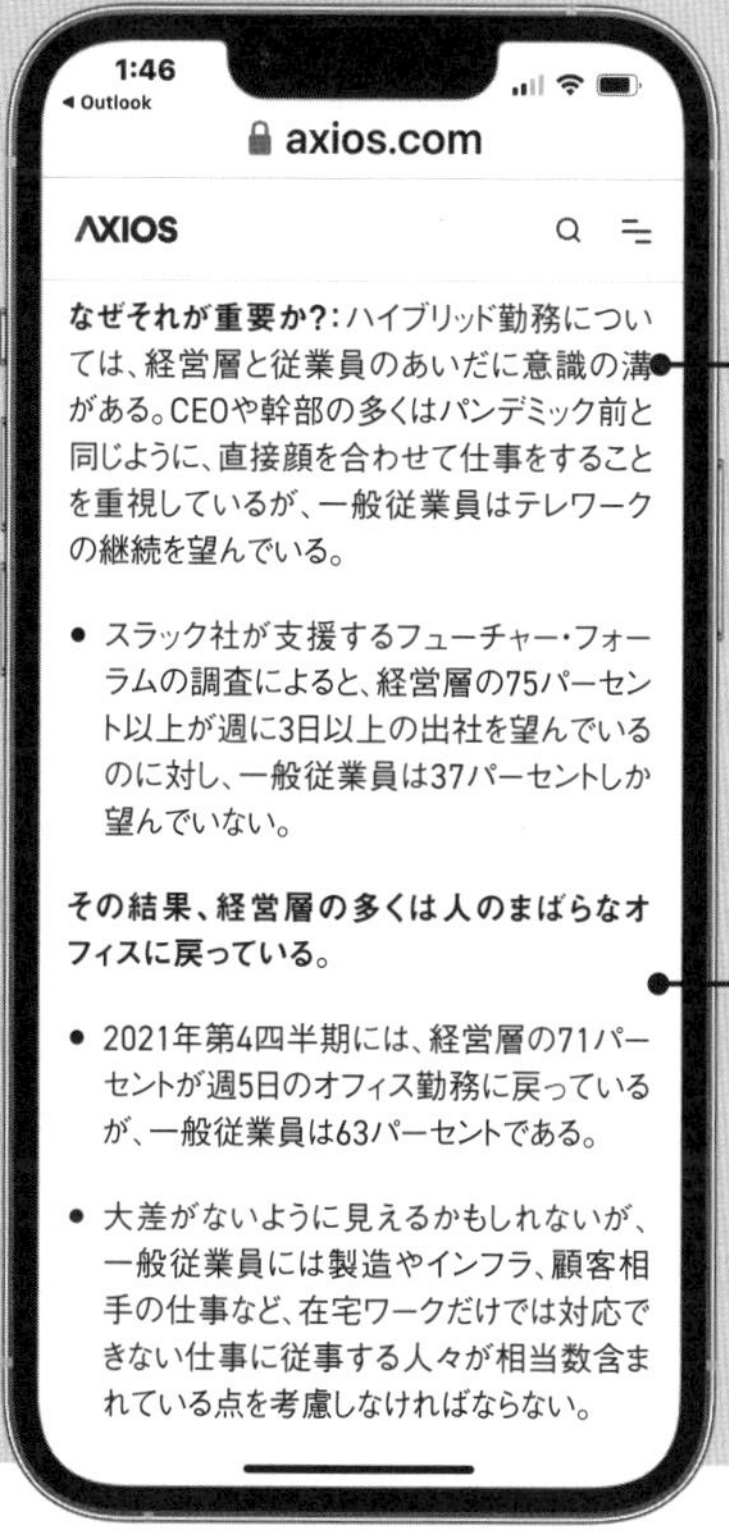
1:46
◂ Outlook
axios.com
AXIOS
なぜそれが重要か?: ハイブリッド勤務については、経営層と従業員のあいだに意識の溝がある。CEOや幹部の多くはパンデミック前と同じように、直接顔を合わせて仕事をすることを重視しているが、一般従業員はテレワークの継続を望んでいる。
● スラック社が支援するフューチャー・フォーラムの調査によると、経営層の75パーセント以上が週に3日以上の出社を望んでいるのに対し、一般従業員は37パーセントしか望んでいない。
その結果、経営層の多くは人のまばらなオフィスに戻っている。
● 2021年第4四半期には、経営層の71パーセントが週5日のオフィス勤務に戻っているが、一般従業員は63パーセントである。
● 大差がないように見えるかもしれないが、一般従業員には製造やインフラ、顧客相手の仕事など、在宅ワークだけでは対応できない仕事に従事する人々が相当数含まれている点を考慮しなければならない。

❸ なぜそれが重要か?

❹ 詳細を続けるか、ただ「さらに知る」と書いてリンクを張る

以下は、スマート・シンプルを子どもの誕生日会の連絡のメールに応用した事例だ。

スマート・シンプルな「件名」

×BEFORE

週末のプランについて再検討のご相談 Re：誕生日会

○AFTER

新プラン：トランポリン・パーク

スマート・シンプルな「リード文」

×BEFORE

いまさらの計画変更で申し訳ありませんが、この1週間は天気のこともあって、ジミーのパーティーについていろいろと混乱がありました。でもありがたいことに、子どもたちみんなを連れていける場所を見つけました。例の新しいトランポリン・パークです。土曜日の正午に行くことにしましょう。

○AFTER

ジミーのパーティーを新しくできたトランポリン・パークに変更します。今週土曜日、正午です。

スマート・シンプルな「なぜそれが重要か？」

×BEFORE

唯一の難点は最初の計画よりも少し遠くなること。もともと考えていた場所は車で30分でしたが、トランポリン・パークのほうがずっと広いので、40分ほどかかってもここがいいと判断しました。念のため理由をお知らせします。

○AFTER

車で40分ほどかかるので、最初の予定より少し早めに家を出る必要があるかもしれません。

スマート・シンプルな「さらに知る」

✕ BEFORE

場所はウィルソン通り1100番地で、前に行ったことのあるスシ・レストランの近く。あのすごくおいしいスパイダー・ロールのある店（笑）。正午スタートで夕方4時に解散。インストラクターがいるし、ランチと飲み物は用意するので、保護者はそのまま残っても、いったん帰ってもかまいません。私は残って本を読んでいるか、気をもんでいるかしています。服装は動きやすい格好で！　短パンにシャツ、それから靴下も必ず……それじゃまた。ほんと、ごめんなさい。

○ AFTER

・ウィルソン通り1100番地に正午集合。
・ピザと飲み物あり。
・午後4時にお迎え。
・運動できる服装で。**靴下を忘れずに。**

もう1つ、社内メールの例を見てみよう。

スマート・シンプルな「件名」

×BEFORE

取締役会への状況報告

○AFTER

取締役会をうならせた

スマート・シンプルな「リード文」

×BEFORE

水曜日に開催された取締役会にて、現在ベータテスト段階にある製品の直近の四半期の好調な売上げをはじめ、市場開拓計画の進捗状況を報告しました。前四半期比12

パーセントの大幅増収により、下半期全体の目標のじつに90パーセントを達成したことを含む報告をもって、取締役会を「うならせる」ことができました。

○AFTER

第3四半期の12パーセントの大幅増収により、下半期目標の90パーセントを達成したことは、水曜日の取締役会で驚きをもって受け止められました。

スマート・シンプルな「なぜそれが重要か？」

×BEFORE

売上げが好調になれば、開発とマーケティングの両面において、成長が見込まれる主要な分野に早期に投資ができます。現在、機械学習チームを中心とする開発部およびマーケティング部の下半期の大規模な投資計画を検討中です。これを踏まえてエミリーのチームは、販売戦略と製品のポジショニングを再考します。並行して、専門性を高めるべき戦略的に重要な領域において、現在の社内のリソース不足を補う能力を備えた企業との有望なコラボレーションが進行中です。

〇 AFTER

売上げの上昇により、以下の2つの分野への投資が可能になり、市場開拓計画を数か月ほど前倒しできそうです。

・人材採用：開発部とマーケティング部における機械学習に関するポジション。
・パートナーシップ：当社のスキルと戦略的思考の拡張に結びつく2社との契約。

スマート・シンプルな「さらに知る」

× BEFORE

エミリーの提案資料とポジショニング戦略に目を通していない方は、確認してください。売り込みのポイントとして、フォーカスグループを対象とした多くの試験結果が検証され、この業界において当社の提案が最良であるというこれまでの主張が補強されています。

○AFTER

当社の製品のよさは実際に使ってみれば明らかですが、使ってもらうために役立つのが、数か月にわたってフォーカスグループとともに検証したエミリーの新しい提案資料です。

・イントラネットに掲載したエミリーの資料をご確認ください。

「相手にとってのベスト」を目指す

本書では、ときにスマート・シンプルの公式からはずれることもある。

なぜそれが重要か？

公式はいわば脱線を防ぐガードレールのようなものであり、どんなときも守るべき厳格なルールではない。

スマート・シンプルを実践すれば、コミュニケーションはすぐに印象的で力強いものになるだろう。しかし、目的は特定の相手に情報を伝え、相手の心をとらえ、意欲を引き出すことだ。人の会話がつねに同じ道筋をたどるとはかぎらないように、「なぜそれが重要か？」という決めゼリフを書く前に、相手の興味をそそる1文を加えたほうがいいときもある。

▼鉄則は、つねに相手にとってのベストを目指すこと。無数の要因で気が散りやすくなっている読み手にとって、いちばん明確で効率のいい構造こそがベストである。

結　論

スマート・シンプルは音楽理論のようなものであり、メッセージに優美さを与えてくれる。しかしその見事な構造には、アドリブを取り入れる余地がある。

――「CIA」を簡潔にする

CIA（米中央情報局）は問題を抱えていた。同局の分析官たちは世界でもっとも興味深い機密情報をつかんでいた。ところが多くの分析官は言葉のもやのなかに、きわめて重要な最新の事実や脅威を埋もれさせていた。

トランプ政権下だった当時、「最重要顧客」である大統領がおそろしく気が短いことは誰もが知っていた。

CIAは機密情報を扱う機関だが、機密文書の作成には大勢のスタッフが関わっている。2019年、マイクはそんなスタッフで満席になった劇場を訪れた。山のようなデータのなかから本当に興味深いデータを探し当てる得意技について、講演を頼まれたのだ。

▼マイクはどんなときでも役立つ秘訣を教えた。データの作成者に、「その情報に含まれるいちばん興味深いものは何か」と尋ねるように。彼らはしっかりとわかっている。そしてきっと教えてくれるはずだ。

▼ところがレポートを書かせてみると、それを埋もれさせてしまう。それどころか省いてしまうことさえある。

CIAは究極のニュースレターを作成している。大統領執務室向けに日々のインテリジェンス情報を簡潔にまとめた「大統領日報」だ。

かつてこの日報を執筆し、現在はアクシオスでスマート・シンプルを実践しているフィリップ・デュフレーヌに、架空のCIAのメモを修正してもらったので紹介しよう。

以下はCIAがアフガニスタン情勢について記したと想定する警告文だ。

✕ BEFORE

アフガニスタン治安部隊が崩壊寸前、脅威レベル上昇

アフガニスタン政府と治安当局は退避計画を協議している。現地の情報によれば、この地域の治安部隊の大部分は、来るべき攻撃に備えた組織的な対抗策をいっさい計画していない。暴力行為につながる活動が一気に活発化することが予測される。

タリバンはわずか1日でさらに3つの州都を制圧したのち、カブール全域でバリケードを張りめぐらせ、いまや数日以内に首都を掌握するおそれがあり、われわれの情報源はリスクレベルの高まりを伝えている。情報源の信頼性は高い。

同じ考察をスマート・シンプルで表現した場合。

○AFTER

【警告】タリバンの台頭

タリバン武装勢力は静けさを保っているが、カブールの情報筋は部隊と武器の移動を察知し、まもなく緊張状態が暴力に発展すると示唆《しさ》している。

なぜそれが重要か？：カブール市内のアメリカ人は警戒を強め、米軍が訓練しているアフガニスタン軍は演習を中断し、戦闘開始に備える必要がある。

脅威レベル：上昇中。

第3章

スマート・シンプルへの道

スマート・シンプル・カウント
3800字
7.5分

告白――私たちは3人とも、最初はスマート・シンプルが苦手だった。

なぜそれが重要か？

私たちはシンプルで簡潔なコミュニケーションに苦労したが、それはみなさんもきっと同じだと思う。それでも私たちはこれまでの歩みのなかで、それが急務であることを痛感してきた。そして、話し方やメッセージの書き方、働き方、考え方を見直すと、成功の可能性が生まれることを実感している。

背景

ジャーナリストは誰よりも簡潔さに逆らっている。有能さを署名入り記事と単語数《ワード》で測る伝統は有名だ。多ければ多いほど立派とされる。

マイクとジムは何十万もの単語を駆使し、『ワシントン・ポスト』や『ウォール・ストリート・ジャーナル』『タイム』などで大統領の動向を報告して名声を得た。大統領にインタビューし、大統領専用機《エアフォース・ワン》に乗り、テレビでコメントしてきた。

▼上司から重要なテーマを与えられたときは、どんなに長くても書けると意気込んだものだ。立ち止まってこう自問することはなかった。そもそもこれを読む読者はいるのか？　これを「読むべき」読者はいるのだろうか？

そしてインターネットが普及した。私たちは愕然《がくぜん》とした。衝撃の警鐘だった。紙の新聞では知りえなかった、誰が何を読んでいるのかを示す真実のデータが提供されるようになったのだ。

データは人を謙虚にさせる。現実を突きつけられ、まるで裸にされた気分だった

——記事の大部分がほとんど誰にも読まれていなかったのである。

私たちは新聞の穴を埋めていたが、その穴はブラックホールであり、私たちの時間とエネルギーを吸い込んでいるだけだった。

▼大半の読者が記事の見出ししか読まず、ほんの一握りの読者が最初の数パラグラフを読んでいるだけだった。記事をくまなく読むのは、記者の友人と家族だけという場合が多かった。プライドが傷つけられた？　まさにそうだ。歌手として成功したと思った矢先に、誰も曲を聴いていないと知ったらどんな気分だろう？

ロイもコンサルタントの世界でそんな曲をつくっていた——長々としたパワーポイントと、誰も読まない戦略レポートを作成していた。ＭＢＡを受講しているときは、相手の時間を節約するコミュニケーションの仕方や文書の書き方を、どうして誰も教えてくれないのか不思議だった。ところが仕事を始めると、彼も周囲とまったく同じことをするようになった。人はまわりに影響される生き物なのだ。

全体像

インターネットは世界のさまざまな可能性を切り拓いた。あらゆるものを、私たちの意識が追いつかないほどのスピードで変えた。

▼インターネットの普及を受け、マイクとジムはそれぞれ『タイム』と『ワシントン・ポスト』を飛び出し、ポリティコ社を立ち上げた。ジムはいまでも覚えている。当時『ワシントン・ポスト』の有名なオーナーだったドナルド・グラハムの執務室に呼ばれ、「きみは取り返しのつかない過《あやま》ちを犯している」ときっぱり警告されたのだ。私たちはそうは思わなかった。大量の言葉を発信するのに紙媒体や大がかりな組織はもういらない。自分たちでやっていけるはずだった。

▼私たちはデジタルメディアのスタートアップを設立した。さらに多くの言葉を生産する新工場だ。ジムの妻が「ポリティコ」というぴったりな社名をつけた。そして、ウェブにケーブルテレビを結びつけ、そこに人々の政治への興味をかけあわせた。

▼あらゆる点から見て、ポリティコは大成功した。大統領候補の討論会を共催し、数百人の社員を雇い、人々が政治について読み、考えるあり方を変えた。ロイは世論

調査とコンサルティングを行う世界的企業のギャラップにいたが、まだ小さかったスタートアップを本格的なメディアへと変えるため合流した。

ところがある重大な出来事をきっかけに、私たち3人は「簡潔さ」の真の信奉者に改宗し、自分たちで築いた会社を離れ、新会社「アクシオス」を立ち上げた。

▼マイクとジムはポリティコでオバマ大統領についてのコラムを連載し、ワシントンDCで人気を博した。2人はいわば「注目のジャーナリスト」となった。記事はケーブルテレビやソーシャルメディアを大いに賑わせた。なかには100万近くのPVを得た記事もあった。

▼3人とも鼻を高くし、大いに満足した――データによってその鼻をへし折られるまでは。

▼当時はウェブサイトで記事の次のページを読むには、ページの下の小さな数字をクリックする必要があった。それを分析してみると、約80パーセントの読者が最初のページで読むのをやめていることが判明した。記事のテーマは政治やメディアの世界で大いに議論されていたものだったのに、それが現実だった。

▼他社のメディアやフェイスブックなどさまざまなプラットフォームについても調査した。どこも状況は似たり寄ったりだった。ほとんどの記事について、一般読者も、政治家も、CEOも、ほぼ誰もが見出しと数パラグラフしか読んでいなかった。

私たち3人は社内を説得して、「ポリティコ・プロ」という有料のニュースサービスを開始した。企業やロビイストなどの顧客から数万ドルの料金をもらって、農業やヘルスケアなどのニッチ分野の情報提供を始めたのだ。

▼長文記事を次々と書く一方で、ニュースレターや速報として200ワード（日本語で約500字）にも満たない簡潔な情報を大量に配信するサービスを始めた。「フォーチュン500」に名を連ねる企業が、このサービスに喜んで大金を払った。ビジネスは急成長した。

▼数年後、顧客の一部は年間10万ドル以上も支払うまでになっていた。私たちは読者アンケートを行い、ポリティコのサービスにおいて何をもっとも重視するか問いかけた。読者はみな、自分の仕事を行うにあたって深く正確で細かい情報を必要とするプロフェッショナルだ。しかし、「長文記事」と回答したのは5パーセント程度

にすぎなかった。

さらに大きな全体像

これは私たちにとって驚くべき、人生を大きく変える瞬間だった。高い見識があり、情報に価値を認める読者でさえ、短い文書を強く望んでいたのだ。

教訓——自分の頭のなかの声ではなく、顧客とデータに耳を傾けよ。

私たちはポリティコを離れ、簡潔さをモットーとし、2017年にアクシオスを立ち上げた。

▼画面を見ている時間と集中力の持続時間について、ツイッターと『ニューヨーク・タイムズ』、そして学術論文を調査した。そのとき、私たちはこう自問した。ジャーナリストや広告主ではなく、読者の望みに寄り添うメディア会社

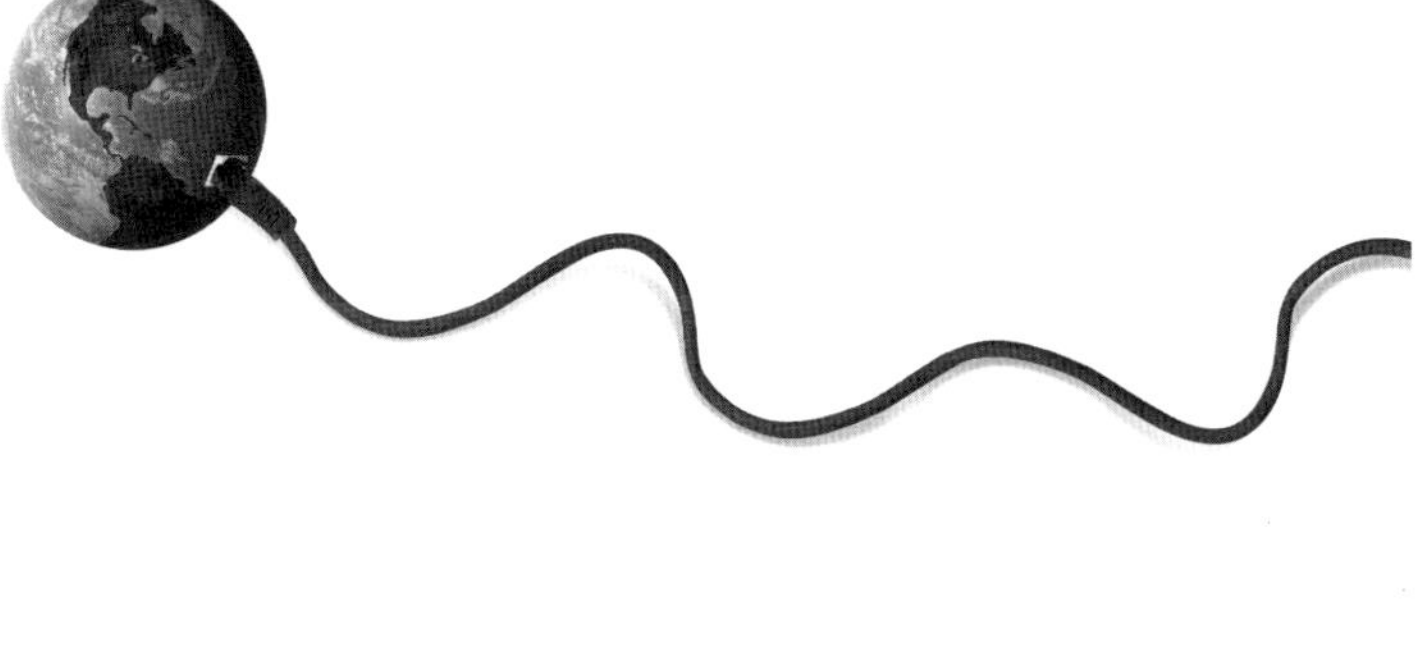

をつくるとしたら、どんなものになるだろう？

▼答えは明らかだった。ニュースや情報の質を高めるのはもちろんだが、できるだけ無駄（自動再生動画、ポップアップ広告、不必要な言葉）をそぎ落とし、効率を高めること。不要なノイズを取り除き、脳が情報を吸収するスタイルに従って記事を書かなければならない。さらに、それをスマートフォン向けに仕立てる必要がある。

▼私たちは読者に、何が新情報で「なぜそれが重要か？」を伝え、「さらに知る」自由を与えることにした。くわえて、読者がさらに知ろうとせず、冒頭しか読まない場合に備え、冒頭のリード文をかつてないほど力強く、価値あるものに磨き上げることにした。

私たちは読者の時間の浪費に歯止めをかけるべく、全力を注いだ。多すぎる言葉と注意散漫をもたらす多くの要因から、読者を解放しようと考えた。少ないほうがより多くを得られること、そして短さは浅さを意味しないことを読者に知ってもらおうと考えた。

かくして、スマート・シンプルが誕生したのだった。

「最初の言葉」を何にする？

ニック・ジョンストンは、かつてブルームバーグのワシントン支局で「ファースト・ワード（最初の言葉）」というサービスを立ち上げた。ニュース記事を要約し、いち早く読者に届ける、いわば〝シンプル化工場〟だ。

ウォール街のトレーダーやワシントンの情報通たちに、短く、情報密度の高いニュース記事や速報、要約および分析を提供するサービスだった。

▼これは、ニューヨークとワシントンのエリートのあいだで大人気になった。彼らは知るべきことだけを求め、たいていの記事にちりばめられた無意味な記述や背景説明をいっさい望んでいなかった。

▼ニックはあるエピソードを披露するのが好きだった。民主党の元リーダーのハリー・リード上院議員が引退を表明したときのこと。ニックはある記者にこう指示したという。「記事の5番目の言葉はなんでもかまわない。ただし最初の4つは『リード、再選目指さず（Reid Won't Seek Reelection）』にしてくれ」

多忙で知識豊富なブルームバーグの読者は、本題とは関係ない情報は求めていないとニックにはわかっていたのだ。たとえば、リードがどこで育ち、どんな法案を支持し、ロースクール在学中に連邦議会警察に勤務していたといった情報は、読者はすでにみんな知っている。

知りたいのはリードが引退するという事実、そして、後任はすでに明らかになっているのかどうかだ。「5番目の言葉」は後任の名前（チャック・シューマー）がいいかもしれない。

ニックはブルームバーグを辞めて私たちのニュース編集室の編集長になった。そしてすぐにアクシオスの冗談好きな伝道者となり、オフィスの壁に「キーボードから手を離す勇気をもて」とか「文字だらけは目が疲れる」といったスローガンを掲げるようになったのだった。

第4章

読み手ファースト

スマート・シンプル・カウント

5200字

10.5分

私たちの会社が最優先に掲げるたった2ワードのマニフェストは、あなたにも役立つはずだ——読み手ファースト。

なぜそれが重要か？

自分のエゴではなく、同僚、学生、友人など、自分の声を届けたい相手のことを第一に考えるなら、おのずと無駄を減らすことができる。

▼ごく当たり前のように思うかもしれないが、これは多くの人が道を踏み外すところだ。私たちは相手が知るべきことよりも、自分が言いたいことに注意を払っている。

ローマ教皇も同意見

2021年9月、ローマ教皇フランシスコはカトリック教会の司祭たちに、説教を40分から10分に短縮するよう指示した。さもないと聞き手が興味を失うからだ。「誰よりも拍手喝采したのは修道女たちです。私たちの説教の犠牲者でしたからね」と教皇は冗談を飛ばした。

▼あなたも教皇を見習うべきだ。どんなコミュニケーションも、まずは「相手の具体的なイメージ」と、「彼らが何を必要としているか」、もしくは「何を望んでいるか」を考えるところから始めよう。

頭のなかで、語りかける相手を思い描く。集団を相手にするときも、集団のなかの1人の具体的な人物や名前、顔、役割に焦点を定めること。

▼多くの相手とコミュニケーションを取るときは、必ずこれを行う。全員に語りかけようとすると、誰の心にも響かないものだ。語りかけたい具体的な相手をイメージすると、発言がかなり明確になる。

これに対してテレビは正反対で、いちばん知識が乏しい視聴者を基準とし、できるだけ幅広い聴衆を取り込もうとする。結果的に番組の質を下げ、単調な番組制作に終始している。

▼そんなことではいけない。そうではなく、対象とする大きな集合の中心にいる、聡明で、時間に追われ、好奇心旺盛な人物を思い浮かべること。現実の仕事や現実のニーズを持つ現実の人物だ。さらに、あなたの話題に興味があり、耳を傾けてくれそうな人物がいいだろう。

▼「すでによく知られていること」と「新しい情報」は、はっきり区別して示すこと。また、その情報がなぜ重要かをわかりやすく伝えるための語り口やデータが伴っていなければならない。

▼読み手の時間と知性に敬意が払われていると実感できるメッセージなら、相手の心に響くにちがいない。

「読者を具体的にイメージすること」と同じくらい重要なスマート・シンプルの次のステップは、メッセージをその読者にぴったりと合わせること。スマート・シンプルを確実に達成するには、相手に何を心にとどめてほしいのかを明確に意識すべきだ。そのうえで、それを無駄なく、鮮明かつ印象的に表現する方法を見つけること。

▼自己診断してみよう。まずは友人の誰かに、自分がこれまでに書いた文章を読んでもらう。もしくは読み聞かせてもいい。そして、あなたが伝えようとしたもっとも重要なことは何か、わかったかどうかを聞いてみる。自信をくじかれるかもしれないが、とても有益な方法だ。

▼伝えたいことを理解してもらういちばんの近道は、「伝えたいことだけ」を伝えること。そこでやめる。そうすれば、相手はあなたが伝えたかったことを一字一句、すぐに繰り返してくれるだろう。

本を書くにあたっても、「そこでやめ！」という思いきりが必要だ。ところが、誰もがこの点でつまずく。言葉を山ほど重ね、肝心なことを埋もれさせてしまう。あるいは伝えたいことをずばりと言わず、相手に推測させようとする。

読者には、カッコつけるより親切であれ。

1つずつ「正しい選択」をする

2015年末のことだった。私たち3人は、わが子のように育ててきたポリティコを去るため、秘かに泥沼の闘いを繰り広げていた。オーナーであるロバート・アルブリトンに苦しめられていた。思いきり見返したかった。

ジムは、ヴァージニア州アレクサンドリアのクライスト・ザ・キング教会の信者席に座っていた。デイヴィッド・グレイド牧師が「善良であることの難しさ」について話しているあいだ、ずっと考えていた。牧師は、彼の子どもたちが人生のさまざまな混乱や難題に直面し、思い悩んでいると語った。人はどうすればつねに正しい行いを選択できるのかと。

▼グレイド牧師は、存在をめぐるこの壮大な問いをわかりやすい話に置き換えた。彼は子どもたちに、ある知恵の言葉をかけたという。私たちはその言葉に導かれてポリティコを去った。そしてその言葉が、私たちが今日歩んでいる人生を形づくった。
「できるのは、正しい選択を1つずつ重ねることだけ」

なんともシンプルで率直であり、しかも印象的な1文だ。牧師は『ルカによる福音書』からの引用をまじえて長々と話すことも、ヘブライ語で詩的に表現することもできたはずだが、そうはせず、たった一言で伝えた。

▼短く、賢く、シンプルかつ率直であることが相手の心に届き、長くとどまる――グレイド牧師は、現代のコミュニケーションの唯一最大の教訓を見事に実践した。

▼牧師は2021年10月、会衆へのメッセージのなかで、英文学者ウィリアム・ストランクの『英語文章ルールブック』から次の一節を引用している。「力強い文章は簡潔である。文には不要な言葉を入れず、パラグラフには不要な文を入れないようにすべきだ。絵に不要な線があってはならず、機械に不要な部品があってはならな

いのと同じである」

なぜそれが重要か？

考えを研ぎすまし、言葉と時間を浪費するのをやめれば、コミュニケーションを飛躍的に改善できる。

▼人は自己中心的にコミュニケーションを図ろうとする傾向がある。座って文章を書くとき、人前で話すとき、話を録音するとき、私たちは相手が聞きたいことや聞くべきことではなく、自分の言いたいことを思い浮かべている。この思考を逆転させなければならない。

例として、謝罪の場面を思い浮かべてみよう。

▼「あんなことを言ってすみませんでしたが、私にも思うところがあって、あなたの直前の行動に腹が立って……ついひどい言葉が口から出てしまって」

▼**いい例**「失礼なことを言ってしまいました。心からお詫びします」

謝罪の意図が、不要な言葉のなかに埋もれてしまっているのがわかるだろうか？

▼連ねた言葉に隠れるのは臆病者と心得よ。

職場や学校ではどうだろう。評価をしたりされたりする場ほど、人は本心を隠し、ゆがめた表現をしてしまう。率直になれる度胸がある人はめったにいない。

▼「きみは素晴らしいことをたくさんしているし、私にも足りないところがあるのはわかっているし、人生は厳しくて予測不能なものだが、きみの担当プロジェクトについて、ぜひとももう少し努力を見せてもらいたいんだ。このままうまくいかないようなら、パフォーマンス改善プログラムを受けてもらうことになるだろう」

▼**いい例**「一点、すぐに改善すべきことがある。主要業務にもっと力を入れるように」

単純な予定変更について考えてみよう。あなたは思ったことをすべて口走り、自分のことをやたらと説明し、言葉と時間を浪費していないだろうか。

▼「こんにちは、ナンシー。悪いけど約束を変更したくて——毎日、仕事とかコロナ対策とか、うんざりよね——ランチのお店をあの角の素敵なベーカリーに変えたいの。私のおごりよ。だって、私ってしょっちゅう予定を変えるし、この夏はとくにそうだったから、頭にきてるよね」

▼**いい例**「ランチを角のベーカリーに変更でお願い。私のおごり」

最悪な例になりやすいのは、本来ならばシンプルであるべき業務上の予定変更だ。

▼「ジョン、何度も打ち合わせをして延々と話し合った結果、月曜日の定例会議は経営チームの中核メンバーだけで行うことになった。知ってのとおり、この会議は大

勢にとって大きなストレスの種になってきた。グループの規模がこれほど急に大きくなってくるとなおさらだ」

こんなにごちゃごちゃした文章では要点がさっぱりわからない。

▼**いい例**「変更：月曜の定例会議の参加は経営チームの中核メンバーのみとする」

はっきり伝える

妻であり、母であり、CEOにして世界各地のCEOの相談役を務めるリサ・ロスは、彼女の人生に関わるすべての人々に助言している。「思っていることを誠実に、短く言うこと」

なぜそれが重要か？

「私たちは必要以上に言葉を並べ、不安を隠しています」。世界的な大手広告会社の

CEOであるロスは言う。「そのせいで真意がうやむやになり、誠実さが問われることになる。話の内容が散漫になれば、その人の能力にも疑問が投げかけられます」

▼ロスが率いる国際的な広告会社は、各部門でスマート・シンプルを導入した。いまでは、社員と顧客に最新の情報を伝えるうえで、スマート・シンプルが主たる方法になっている。その鉄則は、従来型のコミュニケーションで多用される専門用語や無駄な言葉を省くこと。

悪い例として、彼女はコロナによる休業に直面したCEOに触れている。CEOたちはシンプルにこう説明できたかもしれない。「私たちは誰もが安全だと感じられるようになったときに、業務を再開します」

ところが、そこにリーガルチームが関わる。コミュニケーションのスペシャリストたちが口をはさむ。すると突如、CEOはいくつも言葉を重ね、いかにも事なかれ主義の企業人になってしまう。

ロスはよくクライアントに、「そのまま言ってください」と言う。

多くの人が「考えをはっきり言わずに、〝キーワード化〟したり〝フレーム化〟したり〝コンセプト化〟したりしようとして時間を無駄にしている」と彼女は説明する。

彼女の助言に従えば、地位や業界に関係なく、伝達能力を高めることができる。

「人は率直で明快、誠実なコミュニケーションを求めています。長々と話したり、たわごとを言ったりするつもりなら、私は付き合えません」

ロスは、コロナ禍での救いは「私にとって、自分の時間が何よりも大事だとわかったこと」だと言う。

「いまや仕事とプライベートが完全に融合したので、私たちはもっと効率を上げなければいけません。注意を引かない話なら、私の意識は飛んでしまいます」

結論

ロスは言う。彼女がカトリックスクールに通っていたとき、「フェミニストのシスターたち」が教えてくれたことはまさに正しかった。「ありのままでいなさい」。無駄な言葉の山に隠れてはいけない。

1▼「伝えたい1人の相手」に語りかける

2▼心にとどめてほしいことを「1つ」はっきりさせる

マイクが『リッチモンド・タイムズ・ディスパッチ』紙で働きはじめた頃、ベテラン記者のマイケル・ハーディは「考えてから書け！」と言って、よくライバル紙の読みづらい記事を批判していた。

▼彼は嫌みを言ったのだが、これは価値あるアドバイスだ。

▼自分が何を伝えたいのかはっきりわかっていなければ、読者がそれを理解する可能性はゼロである。

3▼人間に向けて「人間らしく」書く

シンプルにわかりやすく、単刀直入に、語りかけるつもりで。誠実さと思いやりは欠かせない要素である。それがあれば、人はより積極的に耳を傾け、あなたの言葉を心にとどめてくれる。

▼マイクは担当するニュースレター「アクシオスAM」を、聡明で好奇心旺盛な友人と朝食をとりながら交わしている会話だと考えるようにしている。

▼私たちは誰かと直接向き合っているとき、相手を退屈させないように自然と気をつけている。人は無意識のうちに相手に好かれたいと願うからだ。「繰り返し」は禁物だ。「もったいぶった言葉」は使わない。「相手がすでに知っていること」は話さない。「わかりきったこと」は説明しない。

▼ところがキーボードを前にすると、そういうことを平気でしてしまう。

おすすめの工夫：伝えたいポイントを誰かに話してみよう（心のなかで自分に語りかけてもいい。誰にも気づかれないから大丈夫）。

▼ただ椅子に座って思うがままに書くときより、わかりやすく、相手の興味を引きつけ、本質に迫る内容にできるだろう。

4▼そして書く

読み手に「少なくともこれだけは心にとどめてほしい」ことを1つだけ書く。ほかのことは後回しでいい。

▼それをできるだけ短い1文にする。短ければ短いほどいい。疑問文ではなく、断定的な文にするかデータを示す。新しい情報かきわめて重要な内容が含まれていることを確認する。弱い言葉をそぎ落とし、ぼやけた動詞や形容詞を取り除く。

5▼「よけいなこと」は言わない

私たちは自分が言いたいことを本当にわかっていないとき、もっと言えば、自分が書こうとする内容を本当に理解していないとき、饒舌《じょうぜつ》になることで取りつくろう。

▼別れ話をするときや昇給を求めるとき、悪い行いを告白するときもそうだ。ひたす

らしゃべりつづける。それが人の性質だ。それはまた、人間関係やコミュニケーションを損なう原因でもある。だから、よけいなことは言わないように。

第 2 部

「簡潔にする」ノウハウ

「知るに値する」ことを凝縮させよ。

第5章

相手の役に立つ

スマート・シンプル・カウント

3200字

6.5分

メリーランド大学教授のロナルド・ヤローズは、目の動きの追跡調査を利用し、私たちが実際に何を読んでいるか記録してきた。その結果、大半の人が、ほとんどの情報をななめ読みですませていることがわかった。

なぜそれが重要か？

長年にわたってこの研究を続けてきたヤローズによると、ごく一般的な人が1つの記事や最新情報に費やす時間は平均してわずか26秒。彼はそれを「テキスト時間」と呼んでいる。その時間が過ぎたら文章はどうなるか？　**たいていは見捨てられる。**

▼まったく、恐ろしいことだ。だがこれは解放でもある。「あなたはすぐに本題に入ればいい、つまり前置きや無駄な情報は書かなくていい」ということを示しているのだから。

われわれは、アクシオスのスタイルが時間の節約になり、複雑な話題の理解を助けているという読者の声を聞くようになり、手ごたえを感じた。そこで、多くのウェブサイトで見かけるカーレース並みに騒がしいノイズや集中力を奪う要因をそぎ落とすために、とてつもない努力をし、短く、必要最低限の記事を書くことにした。

▼われわれは長年記者をしてきたが、それまでに感謝の言葉をもらった記憶はゼロだ。もらえると思ったこともなかった。届くものといったら、たいていは政治記事への抗議文なのだから。

「単刀直入」に切り出す

フロリダ州フォートローダーデールの不動産業者、ミーガン・グリーンはこう述べる。「売り手と買い手はかなり感情的になることがありますが、スマート・シンプルの導入によって、いざこざや不信感、ごまかしなどを減らすことができます」

なぜそれが重要か？

販売活動の成功の鍵は「伝える力」だ。ミーガンはこう語る。

▼「事実だけを伝える。明確に伝える。一連のプロセスは誰にとっても複雑なものです。そこで私はすべてをメールかショートメッセージで文字にするようにしています」

▼「私は『こんにちは、お元気にお過ごしのことと思います』なんてことは書きません。箇条書きにします。『公共料金の支払い手続きは以下のとおりです』というように。無駄なことはいっさいなしです」

▼「重要事項は黄色のマーカーで強調。質問を受けたときは、相手の質問をペーストし、濃い紫か太字で回答します」

結論

無駄な言葉は互いの時間を無駄にする。

私たちの教訓

雑音だらけの世の中では、相手の時間と知性に敬意を払えば見返りがある。これは普遍的真理だ。その逆もまたしかり――相手の時間を無駄にすれば嫌われる。なかでもジャーナリストは悪名高い。何ページも記事を読まされたけど、本当に読むに値したのは、深く埋もれたたった1つの段落だけ、ということもある。もちろん、これはジャーナリストにかぎったことではない。

▼書籍では、本題に入るまでにどうして20ページもめくらなければいけないのか？
▼動画が再生されるまで、くだらない広告を30秒も見せられるのはなぜか？
▼要点を1つか2つ知りたいだけなのに、序文やプレゼン、概要を読まないといけないのはなぜか？

ヤローズ教授は、「デジタル・エンゲージメント・モデル」というテーマで取り組んでいる研究の成果の一部を一足早く、私たちに紹介してくれた。研究の目的は、ユーザーが多様な情報にどのように、そしてなぜ引き込まれるのかを予測することだ。

▼判明したシンプルな結論 ＝ そもそもユーザーは引き込まれていない。

ほとんどの読者は、アップルとマイクロソフトの元役員でコンサルタントのリンダ・ストーンが「注意力の慢性的な断片化」と名づけた状態にある。

▼ヤローズ教授の研究ではそれをこう表現している。「マルチタスクとは異なり、ユーザーがたえず次のアラートやメッセージ、メールに気を取られている状態」

▼これこそが注目すべき点だ。ユーザーの多くは文字を見ているときでさえ、あまり注意を払っていないのである。

そして、たとえ読者が関心を示しているときでさえ、注意を引きつけておける保証はない。「時間の制約のせいで、興味のある内容にさえ十分に引き込まれないことがある」とヤローズ教授は述べる。

▼そしてジャーナリストに向け、読者から見捨てられる「追放原因」について警告している。

▼追放される原因の上位4つは以下のとおり。「文章が長すぎる」「専門用語が多すぎる」「選択肢が多すぎる」「動画が長すぎる」

▼これらに共通することは何か？「少ないほうがいい」という事実だ。

こうした法則は、文字によるコミュニケーションからオンライン動画、さらにはテレビゲームに至るまで、幅広く当てはまるとヤローズは主張する。私たちはあらゆる種類のデジタルコンテンツを一瞬で消費し、すぐに次へと移る。

シンプルにするか、滅びるか？

Xで160万人のフォロワーを誇り、プロフィールによると無数のスタートアップ企業に投資してきたベンチャー投資家のクリス・サッカは、こんな現実的なアドバイスをしている。

「ビジネスでメールを書くときは、書き終わったら書き出しに戻ること。そして最初の2、3文でそれ以降の内容をすべて言いきるように修正する。だいたいそこしか読まれないのだから」

1▼伝えるべき要点を「リストアップ」する

人に何かを書いたり話したりする前に、要点を重要な順に書いてみる。その1番目が、もっとも伝えるべきポイントだ。

▼マイクは会員制大型スーパーのビージェイズ・ホールセール・クラブの幹部の話からヒントを得た。

マイクは人前で話す秘訣ならなんでも知っているつもりだったが、あるときビージェイズの幹部の次にスピーチをする機会があり、その幹部が話の最初と最後にこう言うのを耳にして感心した。

「このスピーチでみなさんが1つだけ覚えておくべきことがあるとすれば……」

これはとくに重要なことや、相手に覚えて帰ってもらいたいことを確実に知らせる素晴らしい方法である。

2▼可能なら、要点のリストを「1つか2つ」に絞る

もし絞るのが無理でも、せめてだらだらと書かずに箇条書きにする。

▼なぜ箇条書きにすべきか？　自分が読む立場になり、考えてみよう。そもそも、メールを最初から最後までくまなく読んだり、報告書を一字一句読んだりすることがあるだろうか？　もちろん、そんなことはない。

ポッドキャスト、業界団体の集まり、ズーム会議。いずれにしても心に残るのは、せいぜい1つのアイデアやエピソード、ヒント、コツ、データ、指摘といったところだろう。

それだけでも上々ではないか？　ポッドキャストを聞いていても、会議の席にずっと座っていても、たいていは何ひとつ覚えていないのだから。

▼現実を受け止めなければいけない。要点は相手に選ばせるのではなく、あなたが選ぶのだ。

3▼「本気」で見直す

要点と詳細は必要不可欠の内容に絞られているか？　もしそうだとしても、さらにシンプルな伝え方はないか？

4▼削除、削除、削除

送信前に、削除できる言葉、文、パラグラフはないか見直す。1語、1文と削るたびに、相手の時間の節約になる。少なければ少ないほどいい。削除は相手への贈り物である。

以上の4つを実践すれば、新しいアイデアやメッセージを伝えたときに、あきれられることも、無視されることもなくなる。

あなたのアイデアは歓迎され、相手の耳にはっきりと、力強く届くようになるだろう。

× BEFORE

今年度初となる、第1回サッカー大会がスプリングフィールド・サッカー場で開催されることになりました。子どもたちはスミス監督のもとで、今年もみんな一緒に素晴らしい1年のキックオフができるでしょう。できれば初優勝もしたいところです。メンバーは午後1時集合で、食べ物や水を持参ですが、このメンバーでの大会はこれが初めてじゃないのできっとおわかりだと思います。それではよろしく、頑張れ、レッドドッグス!!

○ AFTER

第1回サッカー大会がスプリングフィールド・サッカー場で開催されます。メンバーは午後1時集合。頑張れ、レッドドッグス!

第6章 一瞬でつかむ

スマート・シンプル・カウント

2700字

5.5分

SNSのポスト、メモ、論文……何かを書くときにいちばん大切なのはタイトルとリード文である。相手の関心をつかみ、誘い、取り込まなくてはならない。

なぜそれが重要か？

ほとんどの人は「つかみ」が下手だ。臆病に長々と書く。この悪習は簡単に直せる。

最初の挨拶で読み手を失うのはもうやめよう。

▼これからの数章では、スマート・シンプルを分解し、要素ごとに順を追って手法を伝える。いちばん重要なのは冒頭だ。最初に目に入る1文が何よりも肝心である。

全体像

脳にはイエスかノーを一瞬で迷わず決める機能が備わっている。戦うか逃げるか、クリックかスクロールか、読むか無視か、記憶に残すか忘れるか。

▼素晴らしいアイデアや言葉によって、ドーパミンをどっと分泌させることができれば、あなたは読み手を何秒かは引き止められる。1語1語が時間と注意を獲得するための戦いだ。

▼多くの人は件名だけ見て、ほとんどのメールを無視する。重要なメールを見落とさないための防衛メカニズムとして、大半を無視しているのだ。

ここが出発点となる。

さらに知る

冒頭の言葉選びが、そのあとに続く何百もの言葉が読まれるか、聞かれるか、もしくは無視されるかを決定づける。

考えてみよう。あなたは何かを書くのに何十分、あるいは何時間もかけているかもしれない。それなのに、冒頭で読者をつかむための努力はほとんどしていないとしたらどうだろう。

自分が書くものすべてが『ニューヨーク・タイムズ』の見出しだと想像しよう。正確でありながら、読み手を引き込むような刺激や新しさが必要だ。だからこそ、ウェブサイトや新聞の見出しには、大きく、濃い色の文字が使われている。まずは興味を引くことが肝心だ。

タイトルや見出し（メールなら件名）は、スマート・シンプル流の「ねえ、聞いて」に当たる。

▼それはこう語りかける。これから大事なことを伝えます、そしてあなたの時間を割くに値する面白い伝え方をします。

▼「低廃棄物経済が軌道に乗る」と始めれば見向きもされない。ところが、「ゴミからカネを掘り出すスタートアップ」と言えば、興味をそそることまちがいなしだ。

▼「大事なお知らせがあるから少しだけ時間をもらえますか?」と始めれば相手を退屈させる。ところが「大ニュース:引っ越します」と書けば食いつくだろう。

▼「これはすごい話だからぜひ読むべき。以下をクリック」。こんなツイートは誰もクリックしない。では、こうしたらどうだろう。「スクープ:イーロン・マスクの次の一手」

注意を引くフレーズかどうかを見きわめる確実な方法は、それが他人の書いたものだと想像し、はたして読む気になるか自問することだ。

▼どれでもいいから一流とされる大手ニュースメディアをのぞいてみよう。そのメディアの記者でさえ絶対に読みそうにない記事であふれているにちがいない。プロが書いてもそうなるのだ。素人がひどく苦労するのも無理はない。

せっかく料理したごちそうを犬用の皿に盛りつけるなんてありえない。入念に練り上げた考えに注目してもらいたいのに、冒頭で読み手を失ったり、混乱させたりするのは、それと同じことである。

スマート・シンプルな「タイトル」

以下の「BEFORE」は他社のサイトに掲載された実際の記事のタイトルが元になっている。「AFTER」は同じテーマをスマート・シンプルのスタイルで表したものである。

×BEFORE

カリフォルニアのコロナウイルス変異株は感染力が高まり、従来株より重篤な症状を引き起こすおそれあり

○AFTER

従来株より感染力を増すカリフォルニアのコロナ株

× BEFORE

医療関係の雇用がアメリカの労働市場成長のけん引役となる見込み——この先不況に見舞われたとしても

○ AFTER

不況に強い医療業界の雇用

× BEFORE

医療費が増加するなか、一部のアメリカ人が豊かになれないのはなぜか

○ AFTER

医療費の支払いに苦しむアメリカ人

スマート・シンプルな「メールの件名」

×BEFORE
本日このあとの会議で検討する月曜日の補足事項

○AFTER
重要アップデート2点

×BEFORE
ウイルスおよび在宅勤務の対応方針に関する最新情報

○AFTER
リモート勤務の新方針

✕ BEFORE

製品開発におけるスプリントの振り返り——検討すべき7つの新しいテンプレート

○ AFTER

スプリントの振り返り：新テンプレート7つ

——セールス業界のカリスマの「秘密兵器」

ヴァージニア州北部にあるセンチュリー21レッドウッド不動産の社長で共同創業者のエディ・ベレンバウムは、ライバル社に所属するエージェントの引き抜きを狙ってニュースレターを送るとき、秘密兵器を投入している。

▼その秘密兵器とは不動産業界のカリスマ、トム・フェリーだ。意欲をかき立てる不動産販売のコーチとして「サクセス・サミット」というイベントを開催し、「起き

ろ、ぶちかませ、繰り返せ！」と書かれたTシャツを売っている人物だ。

▼ベレンバウムは、件名にフェリーの名前を入れただけで、対象読者（多忙な不動産エージェントたち）がニュースレターを開く確率が大幅に上がると気づいた。

なぜそれが重要か？

タイトルや件名に話題の人物やブランドの名前があれば（ビジネス関係者なら「ウォーレン・バフェット」、学生なら「ナイキ」など）、1秒の注目を獲得するのに有利なスタートを切ることができる。その1秒とは、多忙で気難しい相手にクリックさせるのに必要な1秒だ。

ベレンバウムは「役に立つ小ネタ」（ちょっとした秘訣や実用的な手引きなど）も、相手の興味をかき立てることにつながると指摘する。

▼「受け手はクリックすることで、自分が話を聞く姿勢になっていることを自覚します」と彼は言う。

ベレンバウムのニュースレターの様式は、高校2年のときの国語教師からも影響を受けている。彼は30年間、次の助言を大事にしてきた。

▼まずは書く。そして戻り、**少なくとも半分**の語句を削ること。そうすれば必ず切れ味が増す。

ヒントと秘訣

1▼「悪習」をやめる

▼タイトルや件名を「長くする」のをやめる。

▼「冗談」「皮肉」「謎めいた表現」をやめる。まぎらわしいだけで意味がない。

▼奇抜な「造語」や、わかりにくい「ビジネス用語」をやめる。

2▼「有意義な習慣」を身につける

▼何かを書くときは、「そもそもなぜその情報を伝えているのか」を1文で示す。

▼それをできるだけ刺激的かつ正確に書く。
▼短い単語は力強い。
▼強い単語は、弱くてあいまいな単語より望ましい。
▼受け身ではなく能動的な言い回しにする。

3▼声に出して読む

もっと読みたい、もっと読まなくては、と思わせる内容かを声に出して読んで吟味《ぎんみ》する。

第7章

いちばん大事なこと

スマート・シンプル・カウント

2600字
―――
5分

本書から1つだけ学ぶことがあるとすれば、「相手に知ってほしいことを〝1つだけ〟抽出し、それをはっきりと伝えるようにすること」。これに尽きる。

しかも、力強い**1文**で伝えなければならない。さもなければ、誰の記憶にも残らない。これこそがもっとも重要な点だ――いわゆる、ジャーナリストが「リード文」と呼ぶものだ。

なぜそれが重要か？

多忙な人は、メールを読むときでも、フェイスブックや携帯で何かを読むときでも、内容の断片しか覚えていないものだ。あなたがじっくり考えて送ったメールを一字一句読むことはなく、ざっと目を通して2つの疑問に対する答えを得ようとする。

▼これはいったい何なのか？
▼時間を割くに値するものか？

全体像

マイクが駆け出しの記者だった頃に学んだ、何よりも役立つ秘訣は以下のとおり。

▼インタビューや取材をしたら、編集者やルームメイト、あるいは大切な誰かに何があったかを話す。

それこそが書き出しの第1文になる。どんなときも、毎回、必ず。

もう1つ、マイクがジムから学んだ本当に役立つ格言がある。

「『気づかない』『目に入らない』ものに、関心をもつ人はいない」

▼最初の1文は、読み手に知るべきことを伝え、さらに読み進めるよう説き伏せるチャンスである——それも、おそらく1度きりの。

▼最終ジャッジが下るまでの時間は長くても数秒。その後は、時間を奪い合ういくつものメールや通知に読み手を奪われてしまう。

脳は何がいちばん面白くて重要かを知っている。ところがいざ書きはじめると、私たちはそれをごちゃごちゃとしたとらえ

どころのない、記憶に残らないものにしてしまう。これはあらゆる種類のコミュニケーションに当てはまる。

▼アクシオスでは、ニュース番組「アクシオス・オン・HBO」向けの重要なインタビューを行うと、すべてを視聴するか、書き起こしたものを読むかして、いちばんいいところを選び取る。インタビューの直後には記者をつかまえ、何がいちばん面白く感じたかを聞いている。

そこで、チームへの連絡事項や、友だちへのメッセージを書くときは、時間がほんの少ししかないエレベーターのなかで話しかけていると想像してみよう。

▼相手がエレベーターを降りかけたとき、大きな声で伝え、忘れずにいてほしいと願うことが1つあるとしたら何だろう？　それこそが出だしの1文だ。

どのように機能するか？

メディア関係者にとっては不都合な真実の1つだが、ほとんどのジャーナリストは引き締まったリード文を書くのがひどく苦手だ。だからあなたは気に病まなくていい。本職の彼らでさえ、苦労しているのだから。

ポリティコで私たちと一緒に働いていたジョン・ブレスナハンは、起業の面白さに取りつかれ、「パンチボウル・ニュース」の立ち上げに協力した。彼は粗野で気難しいところがあるが、昔気質《かたぎ》のジャーナリストとも違う。「すべての第1文が守るべきルール」を心得ているのだ。

その秘訣は「俺の知らないことを教えてくれ」だ。

以下の「BEFORE」はメールでよく見かける（そして最悪の）第1文だ。

× BEFORE

「あなたにやるべきことが山ほどあるのは知っているけど、じつはパーティーをすることになって、生バンドを呼びたいと思っていて、もしかするとその準備のためにあなたの助けが必要かもしれなくて、それをお知らせしようと思ったしだいです」

○AFTER

「生バンド付きの盛大なパーティーを開く予定です」

次のようなリード文に出合ったらどうだろう。

「緊張の高まる外交と国内の危機に直面するジョー・バイデン大統領は旧知の補佐官に頼りきっており、一部の民主党議員らは、この限られた顔ぶれの一団が大統領の意思決定プロセスを複雑化しているのではないか、と懸念している」

あくびが出る。

▼こうしたらどうか。

「ジョー・バイデンは、宿敵ジョージ・W・ブッシュとまるで同じようにホワイトハウスを運営している――同質的な小集団による密室政治だ」

これなら、次の行も読んでもらえる。

また、昇給を求めるとき、あなたはこう切り出すかもしれない。

「私はここに来てから3年になり、精一杯働いていて、今度新しい家と車のために資金が必要になりまして、もしよろしければ、その、給与を上げていただく可能性についてご相談できればと思っています」

▼こう言ってみよう。

「私は自分の価値を理解しており、昇給について話し合いたいと考えています」

教師に課題のことで相談するときはどうか。

「セオドア・ルーズベルトに関するテーマをまとめるのが少し遅れていて申し訳ありませんが、調査に当たって予想外に多くの問題に直面しました。というのも、彼のリーダーシップのあり方から、アメリカにおける彼の環境政策の効果という、より具体的な視点に移ったからですが、やはりここにきて、壮大ではありますが、私にはリーダーシップのほうが深く検討して文章にする余地があると判断しました。このレンズを通した最終レポートを日曜日までに提出すると約束します」

▼こう書き直そう。

「セオドア・ルーズベルトのリーダーシップのあり方に焦点を絞ることにしました。課題は日曜日までに提出します」

——人に話してみる

われわれの友人のクリフ・シムズは、2016年の大統領選からホワイトハウス在任中のドナルド・トランプのもとで働き、クレージーな話をいやというほど知っていた。クリフは作家の観察眼をもった一級の語り手だ。政府を去った彼は、驚くべき裏話を何時間でも語ることができた。

▼ところがいざ本を書きはじめるとうまくいかなかった。ぎこちなく、ぼんやりとしたエピソードになってしまう。

▼そこで私たちはこんな提案をした。構想を奥さんに話して聞かせ、iPhoneで録音し、そのあとで文字に書き起こしてはどうか。そうして著書が完成した。

結果はうまくいった。『毒蛇チーム《チーム・オブ・バイパーズ》』は、いまもトランプの狂気に迫るベストセラーの1つである。

ヒントと秘訣

1▼「いちばん大事なポイント」を突きつめる

伝える相手のことをつねに最優先に考える。

2▼「エピソード」は省く

冗談や自慢も不要。

3▼「1文」でメッセージを言いきる

さあ、書いてみよう。

4▼「副詞」「弱い言葉」「あいまいな言葉」をそぎ落とす

単刀直入で簡潔、明快か？

5▼最後に自問する

「相手がこの1文しか読まない、あるいは聞かないとしたら、これが本当に自分の訴えたいことか？」

答えがイエスなら、書き進めよう。

第8章 なぜそれが重要か？

スマート・シンプル・カウント
1900字
4分

本書では「なぜそれが重要か？」といった太字の見出しが何度も登場しているが、これは私たちが「アクシオム（基本要素）」と呼ぶもので、読み手の思考をわかりやすい文脈に落とし込む手段である。

「数字で見る」「経緯」「現状」「裏話」「実態調査」――こうしたアクシオムは、ざっと目を通すだけの読み手を導く、このうえなくわかりやすい道標《みちしるべ》となる（実際、誰もがざっと目を通すだけだ）。

なぜそれが重要か？

大半の人は、「何」が重要かだけではなく、「なぜ」重要かも理解できないほどに忙しい。だからヒーローになろう。きびきびとわかりやすく、明快に伝えることで、読者を救ってあげるのだ。

ある重要な社員が退職することを、上司に伝えなくてはならない場面を想像してみよう。

× BEFORE

お手すきの際にスタッフについてお知らせしたいこと

お忙しいなかすみませんが、ご存じのように、ジャネット・スモールはわが社のきわめて重要な2つのプロジェクトを率い、非常によくやってくれています。ところが、つい先ほど、あと数週間で退職し、どこか別のところで新しい仕事をすると言われました。なんとも大打撃です。どうやら、ライバル企業に移るようです。至急後任のCOS（チーフ・オブ・スタッフ）を採用しなければなりませんが、こういったことには時間がかかります。おそらく私が代役として、彼女の業務の一部をカバーできるのではないかと思います。

○AFTER

CoSの退職

ジャネット・スモールから、2週間後に当社の主要なライバル企業に移るとの知らせを受けました。

なぜそれが重要か？：ジャネットはわが社のもっとも重要な3つの戦略的プロジェクトのうち2つを率いています。まずは臨時で私が代役を務めつつ、早急に後任を探します。

新しい情報を知らせてくれるのはありがたい。しかし、なぜそれを気にかけるべきなのか、記憶にとどめるべきなのか、その点をはっきり説明してほしい。

▼読み手に「なぜそれが重要か？」を伝え、その直後に、どのように考えるべきかを伝えなくてはならない。

背景

私たちは会社をつくるにあたり、アクシオムというシンプルな発想をすべての基礎とした。アクシオスという社名はこれを表現するものだ。アクシオスはギリシャ語で「価値のある」という意味で、あなたの時間、信頼、傾聴に値するという意味を込めている。

▼アクシオムは道路標識のようなものだ。いまどこにいて、これからどこに向かうのかを知らせてくれる。

▼とくに重要なポイントをアクシオムで始める。アクシオムは太字で表記する。これにより脳は情報を把握するヒントを得られる。把握したら、そこで読むのをやめるか、さらに進むかを判断できる。

▼全体像

私たちが気に入っているアクシオムをさらにいくつか紹介しよう。

▼背景
▼今後
▼ここまでの流れ
▼注目のトピック
▼詳細
▼人々の反応
▼大局的な影響
▼行間を読む

結　論

スマート・シンプルは魔法ではない。学び、教えられるものだ。アクシオムの技法を習得するには、いくつか秘訣がある。

「見出し」を力強くする

アクシオムを使えば、各トピックを効果的に演出できる。

× 弱いフレーミング

以下が、この情報が重要な理由である。

○ アクシオム

なぜそれが重要か?

× 弱いフレーミング

私たちが観察してきた傾向は、次のとおりだ。

○ アクシオム

全体像

× 弱いフレーミング

データを見てみよう。

○ アクシオム

数字で見る

× 弱いフレーミング

要するに……

○ アクシオム

結論

1▼「なぜそれが重要か？」はもっとも強力なアクシオム

人は忙しく、集中力は鈍っている。たとえ自覚がなくても、あるいは口にしなくても、誰もがわかりやすい文脈を求めている。「なぜそれが重要か？」と太字で表記すること。

2▼その情報が重要な理由を1文（多くても2文）で説く

- 何が変わるのか？：政策、事業内容、戦略、アプローチ？
- 何の兆候か？：思考の変化、トレンド？
- 大局的に見るとどうか？：例外的なことなのか、興味深いことなのか、重大な結果を招くことなのか？　すでに論じた点と関係があるのか？

3▼単刀直入であること

リード文とアクシオム、その後の1文（もしくは2文）は重複してはいけない。それぞれに新たな情報か視点が含まれているか？

内容が目新しく、必要性を感じ、引き込まれて「もっと読みたい」と思わせることが肝心だ。

4▼タイトル、リード文、アクシオムのパートを通して読む

相手がこの3つだけを読んだとして、あなたが伝えたい最重要事項を率直に、わかりやすく伝えられるか？

答えがイエスなら、あなたは大半の人が2万ワード〔日本語で約5万字〕を費やして行う以上のことを、2000ワード〔約5000字〕で成し遂げたのである。

第9章

さらに知る

スマート・シンプル・カウント
2900字
6分

スマート・シンプルを使えば、必要な情報をもっともおいしく、もっとも消化しやすく料理できる。

なぜそれが重要か？

スマート・シンプルを極めるには、最初のアクシオム（通常は「なぜそれが重要か？」）のあとに、できるだけすみやかに、そして読み手に親切な方法で、掘り下げた内容や詳細、ニュアンスなどを伝えなくてはならない。

▼絶対に忘れてはいけないのは、「ほとんどの読み手は、最初の2～3文を読むと関心を失い、残りは流し読みをするのがせいぜい」ということ。

▼そう、なんとも残念なことだ。だが、読み手をもう少し引きとめる秘訣がいくつかある。

スマート・シンプルによるコミュニケーションの総仕上げとして、読み手に「さらに知る」力を与えれば満足感につながる。そしてあなたは文字の羅列を投下して読み手を失うのではなく、コンテクストを示すことができる。

▼締めくくりのパラグラフとして、「さらに知る」とだけ書いてリンクを張る。出典、動画、ポッドキャスト、経歴、地図、書籍の引用、世論調査の統計……不思議の国のアリスのように、読み手がうさぎの穴に飛び込みたくなるようなリンクを張ろう。

極意

実際には、多くの読者は「さらに知る」の深みには飛び込まない。

それでも「さらに知る」があるだけで、あなたが読み手の立場に立ち、望みに応じて知識を得やすいよう工夫していること、さらにはあなたが入念で配慮があることも伝わる。「あなたの手間を省くために、私が代わりに用意しました」と伝えているのだ。

▼マイクはニュースレターで、自動走行車のプログラミングの倫理に関するコラムを書いた。最悪の事態が発生したとき、自動走行車は正面の人物をはねるのか、それともハンドルを切り、歩道の誰かをはねるリスクを選ぶのか？

▼マイクは「さらに知る」で、コラムを書くきっかけになった記事と、その記事が参照した学術論文へのリンクを張った。これにより読者には選択肢

ができた。論点をぱっと理解して終わりにするか、さらにもう少し読み進めるか、あるいは議論の詳細に飛び込むか。

文面を「さらに知る」で終えることは、効率的でエレガントだ。また読み手には、スマート・シンプルが詳細や背景を犠牲にしていないと示すことになる。

「株主への年次書簡」を簡潔にする

JPモルガン・チェース会長兼CEOのジェイミー・ダイモンは、自社と金融業、そして広く文化や政策の動向に関する壮大な考えをまとめた、株主宛ての年次書簡を書いている。2021年の書簡は3万2000ワード〔日本語で約8万字〕にのぼった。本になるほどの長さだ。

▼ **なぜそれが重要か？**：この書簡は、政財界のリーダーや金融アナリストから待ち望まれているものである。いくつかのセクションに整理されており、内容は明晰だが、

簡潔ではない。

▼アクシオスは彼のスタッフから、書簡の主要なメッセージをスマート・シンプル形式のニュースレターにまとめ、より幅広い層に伝えられないかと頼まれた。結果はうまくいった。しかも3万420ワードも短くなった（書簡の全文にもリンクを張ったのでご心配なく）。

こぼれ話

ジェイミーは、われわれがアクシオスの設立計画を真っ先に話した人物の1人だ。

▼ジェイミー（とスタッフ）の願いは、彼がもっとも重要だと考えるポイントをできるだけ多くの人々が読み、胸に刻んでくれること。そのためには情報の厳選と階層化が欠かせない。

次のスマート・シンプル版のニュースレターは、アクシオスHQを使用して作成されたものである。

新規メッセージ

件名：**ジェイミーが描く未来のビジョン**

2020年は異例の年だった。パンデミック、世界的景気後退、大荒れの選挙戦、深刻な社会的・人種的不平等があり、私たちは社会構造を引き裂く問題について真剣に考えざるをえなくなった。

「**深刻な亀裂の根底にあるのは不平等である。**その原因は明白だ。差異と私欲を乗り越え、社会全体の利益のために行動することを、私たち自身が怠っているからだ」とジェイミーは言う。

・「企業と政府が協力すれば、収入格差、経済的機会、万人のための教育と医療、インフラ、手の届く価格の住宅、災害への備え等、大きな課題を克服できる」

解決には、ローカルでもグローバルな視点においても、強力なリーダーシップが欠かせない。

・一般的な家庭が長期間にわたって堅実に資産を形成できるよう促すには、金融システムのスマート化が大いに役に立つ。技術革新を促すべきである。
・市長、教育者、地域のリーダーは、市民を勇気づけ、前進させる方策を創出すべきだ。私たちは彼らに協力しなければならない。
・各地方の企業は、地域社会が健全な経済を維持するのに必要な機会を創出する。私たちは地方企業に力を与えなければならない。
・リーダーたちは健全な成長のため、数年単位で実行する大局的な長期プランに力を注ぐべきである。私たちはそれを支えなければならない。

「**誰もが公平な機会を手にし**、成長に向けた活動に関与し、その恩恵を分け合ったとき、経済は力強さを増し、われわれの社会はよりよいものになるだろう」とジェイミーは言う。以下では、誰もが恩恵を受ける平等な社会を実現する方法を検討する。……

1▼「アクシオム」は最高

アクシオムという太字の道標は自然と注意を引き、あなたが向かう方向を読み手に知らせる。

▼「さらに知る」の効果は絶大だ。さらなるデータや背景が得られることをはっきりと伝えられる。ズームアウトして背景を伝えたいなら、「全体像」も優れたアクシオムだ。

2▼「箇条書き」を多用する

箇条書きは重要な事実や考えを際立たせる効果的な手法だ。流し読みをして、何か重要そうな記述はないか素早く探そうとする状況を思い浮かべてみよう。箇条書きはスペースを設け、リズムをつくることで、情報にメリハリをつける。

▼箇条書きの黄金律：文字と数字のごちゃごちゃを見たい人はいない。3つ以上のデ

ータや概念を扱うときは、箇条書きを使う。読み手はわかりやすく区切られた項目になら目を通すはずだ。

3▼「太字」を使う

繰り返すが、ほとんどの人は流し読みをしている。アクシオムや特定の単語、数字を際立たせたいときは、**太字にすること**。太字は斜体よりも濃く、目に留まりやすい。そして通常の文章と明確な区別をつけることができる。太字は「注目して！」と大声で主張する。

4▼短く区切る

どんなときも、長いパラグラフは避ける。1つのパラグラフは2文か3文以内にする。そして、いくつものパラグラフを途切れなく、長々と連ねることも避ける。太字、箇条書き、図表、アクシオムを用い、流れを区切る。だらだら、長々と続けるのは最低最悪だと肝に銘じよう。

5▼すぱっと終わる

コミュニケーションの最大の誤りと時間の浪費は、話しすぎ、または書きすぎである。

▼言葉については修道士のように身を律し、禅の境地のように、わずかな言葉で多くを語る喜びを知る。これは自然なことでも、簡単なことでもないが、訓練によって習得できる。

▼有意義な活動に集中し、他者と自分自身の時間を節約するイメージを大切にする。これを北極星のような指針とすべし。

▼しばしば、もっとも有効なコミュニケーションは「沈黙」である。

第10章

適切な言葉

スマート・シンプル・カウント

2900字
6分

マーク・トウェインはこんな有名な言葉を残している。「ほぼ適切な言葉と適切な言葉には……蛍（lightning bug）と稲妻（lightning）ほどの違いがある」

なぜそれが重要か？

これと同じことが、弱い言葉と強い言葉、長い文と短い文、要領を得ないコミュニケーションと効果的なコミュニケーションとの違いにも言える。あなたは虫のように相手をわずらわせるのではなく、稲妻のように強烈な印象を与えなくてはならない。

本書ではこれまで、しかるべき理由からジャーナリズムを何度も批判してきたが、同じ批判がたいていのビジネス文書にも当てはまる。「価格」と言うべきときに「価格ポイント」と言ってはいけないし、「スキル」ですむところを「コア・コンピタンス」と言ってはいけない。スマートで引き締まった文章は、ぐねぐねと曲がりくねらず、主語、目的語、動詞と、まっすぐ進む。

▼かつて私たちは、ある地方紙のベテラン編集者から、バナナを「細長い黄色い果物」とは呼ばないだろうと指摘された。ところが私たちは文章を書くとなると、しょっちゅうそういうことをする。

▼恋人に向かってこうは言わない。「記録的高温が西部と南部を襲い、この地域の最高気温が38度近くになるため、近くの空調設備を利用することにしよう」。そんなばかな！　こう言うはずだ。「暑いな。中に入ろう」

▼もっとも、難しく考えなくていい。私たちはツイートから書籍まで、あらゆる媒体に応用できる秘訣を習得したので、それを紹介する。

▼あなたが書くものは、同僚のごちゃごちゃしてわかりづらい文章に比べ、際立って見えるはずだ。

「大事なお知らせ」を簡潔にする

ヴァージニア州フォールズチャーチで中学校の教師をしているマーク・スミスは、保護者たちが彼のメールをちゃんと読んでいないことに気づいた。

▼生徒の親たちはざっと目を通すだけで、大事なお知らせを見逃していた。そしてあとになってから、知らなかったと言い張ったり、彼を困らせたりするのだった。

▼「半分しか読まないで反応していたんです」とスミスは振り返る。「悪夢のようだった」

スミスは、マイクのニュースレターの読者だった。そこで、自分でもスマート・シンプルを試すことにした。

▼メールの冒頭にはワード数と読了時間まで表示した。アクシオスのニュースレターと同じように。

▼スミスはほとんどの親が太字しか読まないことを知っている（怠け者は子どもたち

だけではない)。そこで、重要事項はすべて太字にした。「ようやく伝わるようになりました」とスミス。ミッション・コンプリート。

スミスは13歳と14歳の生徒が大人たちより進んでいる点を指摘する――中学生たちはスマート・シンプルが大好きなのだ。もっとも、背後にある神経学や心理学的な効果に興味があるわけではない。

▼スミスはこう説明する。「彼らはとにかく書く量を減らしたいんです」

ヒントと秘訣

1▼「短い」に勝るものなし

簡単な法則は、7文字より5文字、5文字より3文字のほうが力強い、ということだ。私たちは、タイトルや件名にはできる限り短い単語を使っている。

2▼「強い言葉」で語れ

強い言葉とは、鮮明で的確、そして何より「目に見えるもの」を指す。「具体的なもの」とも言える。

弱い言葉とは、抽象的な言葉である。見ることも、触れることも、味わうことも、写真を撮ることもできないものだ（「プロセス」や「公民」など）。

3▼「弱い言葉」を追放せよ

確実な方法として、デートで口にしない言葉は使わない。なよなよした言葉、もしくはオタクっぽい言葉とも言える。

弱い言葉は、他にもさまざまなタイプがある。

▼**もったいぶった言葉**：マイクのおばあちゃんは、これを「10ドルはする単語」と呼んでいた。「スペリング大会用の単語」と言ってもいい。頭がよさそうに聞こえると思って使うと、実際には間抜けに聞こえる言葉だ。以下の例では、カッコ内が適

切な言葉である。

騒然たる（うるさい）
コンクラーベ（会議）
言いまぎらす（嘘をつく）
栄枯盛衰（変化）
教訓的な（説教くさい）
真髄の（典型的な）
解決困難な状況（ピンチ）
幅広さ（幅）
パラドックス（難問）
迫真性（リアルさ）
当惑させる（わかりにくい）
解明する（説明する）
突出している（最高）

▼**誰も口にしない言葉**：報道、学術界、シンクタンク、論文でしか見かけない言葉。私たちが新聞社にいた頃、辛辣な編集者たちはそういう言葉を「ジャーナリズム調」と呼んでいた。

論議（話）
偏在する（どこにでもある）
困難な課題（問題、混乱）
信憑性（真実性）
推測する（思う）
口論（口げんか）
欠乏（不足）
激烈な（強い）
払底《ふってい》（不足）
流布する（広める）
存在理由《レゾン・デートル》（目的）

4▼「ぼやけた言葉」を避ける

「〜する可能性がある」「〜かもしれない」「〜するおそれがある」——こうした表現は、実際に起きていることを何も伝えていない。

▼「あらゆることが起こりうる」。この文は、何かを伝えたり、行動を促したり、人を納得させたり喜ばせたりする効果がない。ものを書くうえでの根本的な目的を果たしていない。

▼そうではなく、実際に起きていることを述べる。「計画されている」のか「検討されている」のか「議論されている」のか？「懸念されている」のか「望まれている」のか「予想されている」のか？

▼つねに何か有益なことを伝える。あいまいでぼやけた情報で人の時間を無駄にしてはいけない。

5▼「能動的な言い方」にする

能動的な言い方をすると、誰が何をするかがはっきりわかる。「ロイはマツダ・ロードスターのレースに出場する」

▼受け身や誰かが観察しているような言い方だと意味がぼやける。「ロイはマツダ・ロードスターのレースに出場すると伝えられている」

▼能動的な言い方：「タリバンはアフガニスタンを占領した」

受け身・観察的な言い方：「治安の観点から見て、アフガニスタン情勢は悪化の一途をたどっている」

▼小学校ではまず「誰が」「何を」「する」という表現を習った。このシンプルな公式こそが、どんなときも人の心を引きつける。

結論：話をすること。話について語ってはいけない。

6▼「歯切れのよい表現」を使う

短くて歯切れがよく、パンチの利いた表現は記憶に残りやすい。

「イエスは泣いた（Jesus wept.）」。これは聖書全体のなかでもっとも短く、もっとも力強い2語だ。9つの文字から成るこの鮮明で効果的な1節は『ヨハネによる福音書』に記されている。イエスのこの世での人間性、屈辱、感傷をとらえている。「歯切れのよい表現」とは次のようなものだ。

▼売上げが落ちた。
▼収益が急増した。
▼私はやめた。
▼カブスが負けた。

7▼すべての言葉を「総チェック」する

すべての言葉について、シンプルで強い言葉に置き換えられないか確認する。置き換えるたびに、言葉の力は強くなる。

▼「仕返し」と言えるなら、「報い」と言わない。

結論：1文は2文より、2文は3文より望ましい。言葉と同じく、文も容赦なく減らす。パラグラフについてはさらにシビアになる。言葉がパッと飛び出して見えるように書くこと。

第 3 部

「簡潔にする」実践術

「あらゆるもの」がもっと簡潔にできる。

第11章

マイクのプレイブック

スマート・シンプル・カウント

2900字

6分

マイクは15年間、1年365日、毎日朝のニュースレターを書いてきた。15年で休んだのはたったの7日。山登りでケガをしたときだけだ。

なぜそれが重要か？

こんな偉業は誰もが目指すべきことではない。しかし、マイクはスマート・シンプルのインキュベーターだ。彼が習得してきたスマートで現代的なニュースレターの秘訣やコツ、発見は、誰にとっても大いに役立つ。

背景

2007年、ジムとマイクは『ワシントン・ポスト』時代から親しかったジョン・ハリスとともにポリティコ社を設立した。ジムとジョンがボスで、マイクは現場を飛びまわる記者として貴重なニュースをスクープし、ほとんど無名だったポリティコをワシントンDCで名だたるブランドに成長させた。

▼マイクは毎朝、夜が明ける頃、「今日も最高にするには？」という件名のメールをジムとジョンに送っていた。内容はそのとき追っているネタに関する詳細な計画だった。

▼マイクのメールは、整然とした書式に従っていた。冒頭には必ず最新のニュースや洞察がまとめられていた――「俺の知らないことを教えてくれ」というジャーナリズムの鉄則どおりだ。

続いて大手各紙の注目記事から、選りすぐりの情報が並ぶ。そしてマイクは前の晩に収集した情報や、追いかけた出来事について報告する。それから、彼のその日の予定を知らせたあと、何か面白い話か冗談で終わるのがきまりだった。

当時は、それが人気になるとは思っていなかった。上司に送る、スマートで快活なメモにすぎなかった。

ところがある日、ジョンがハワード・ウォルフソンと話をした。ウォルフソンはその頃、2008年の民主党大統領候補指名に向け、バラク・オバマと争うヒラリー・クリントンの側近だった。

▼ポリティコの近況について語っていたとき、ジョンがこう言った。「毎朝マイクからすごいメールが来て、あらゆることの動向を教えてくれるんだ」。するとウォルフソンは「私にも送ってくれないか?」と言った。ジョンは快諾した。

こうして、マイクの毎朝のニュースレターは、3人目の読者を獲得した。そして民主・共和両党の関係者のあいだにあっという間に広まった。私たちはそのニュースレ

ターに「ポリティコ作戦帳《プレイブック》」というタイトルをつけた。

2010年、『ニューヨーク・タイムズ・マガジン』にマイクの特集記事が掲載された。タイトルは「ホワイトハウスが朝いちばんに会う男」。

▼「とにかくマイク・アレンを読むこと。ほかには何もしなくていい」。トーク番組「モーニング・ジョー」で、『ワシントン・ポスト』の伝説的記者、ボブ・ウッドワードは高らかに言った。

▼オバマ大統領のもとでホワイトハウス広報部長を務めていたダン・ファイファーは、マイクはワシントンで「もっとも説得力があり、重要な」ジャーナリストだと『ニューヨーク・タイムズ』に語った。

▼すべてはニュースレターのおかげだった。

裏話

ニュースレターの威力に気づく前、マイクはエネルギッシュで機知に富んではいたが、全米で知られる大物作家にはなりそうになかった。格調高い散文を書いたり、あっと言わせるような大スキャンダルを暴いたりするのは決して得意ではない。彼はキーボードに向かっているときより、直接会って話すときのほうがはるかに有能だった。

▼そして大半の人がマイクと同じだ。屋根裏部屋に住む名詩人でもないかぎり、人は書いているときよりも、話しているときのほうがはるかに明快で生き生きしている。スマート・シンプルはそんな自然な会話を解放する力になる。実際、マイクには大いに役立った。

マイクが9年以上にわたって書いた「ポリティコ・プレイブック」は、気さくで機知に富み、多くの人がうらやむような読者を獲得した。ホワイトハウスが朝いちばんに目を通すようになったのだから。

▼しかし、いまになって見直すと未熟だった。読者に必要

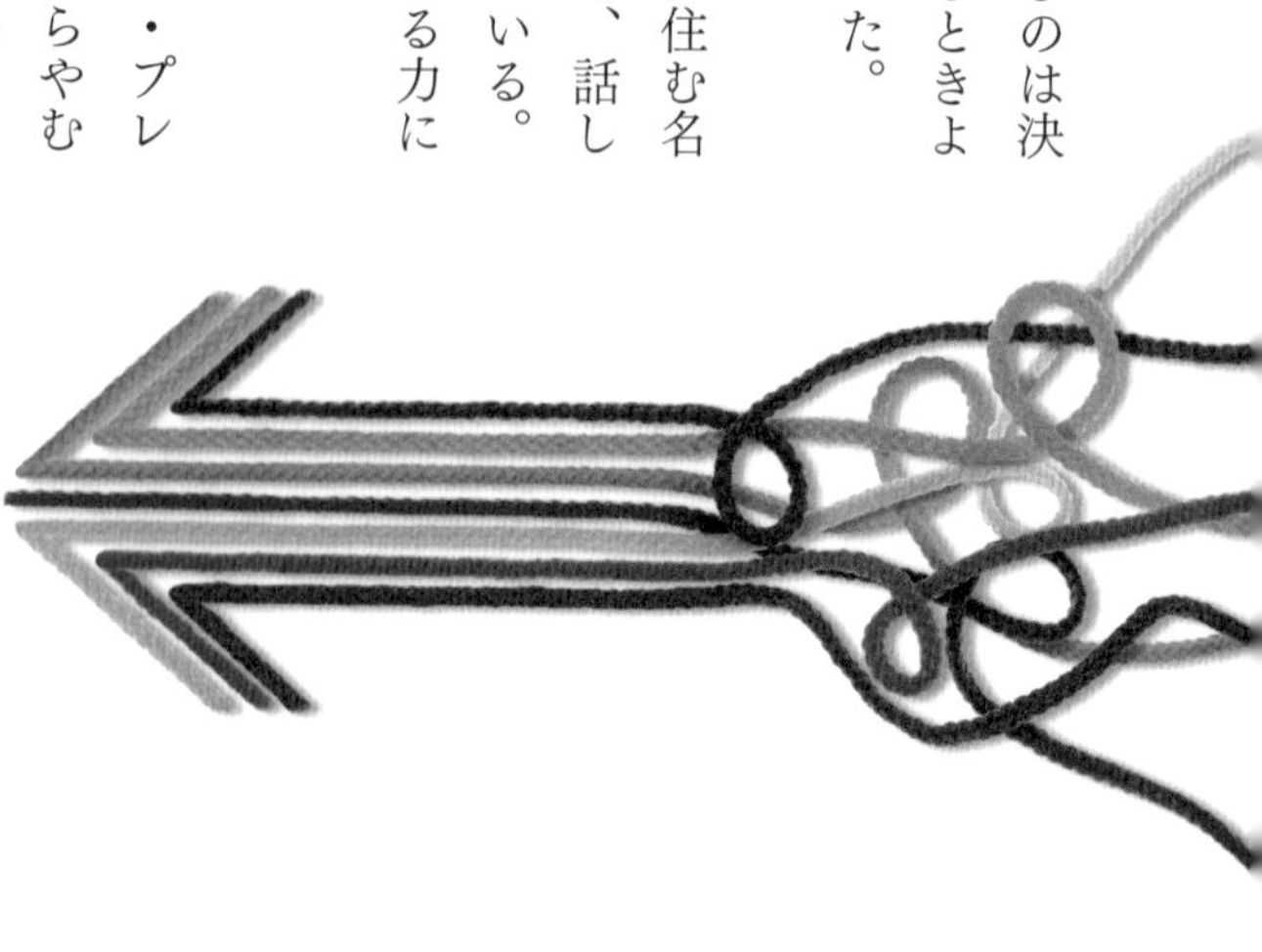

以上の負担を求めていた。長く、構成があいまいで、何が重要で、なぜ重要なのかが伝わっていなかった。まだ友だち宛ての手紙の域を出ていなかった。しかも、友だちには暇な時間がたっぷりあることを期待して書いた手紙だ。

アクシオスの立ち上げに取りかかったとき、ジムはニュースレターに規律を課そうと考えた。トピックを10項目に絞り、それぞれに番号を振り、1日を始めるにあたりさくっと重要事項を把握できるようにするのだ。

ジムの意見では、たんに新しいバナーで「プレイブック」を配信すればいいという話ではなかった。新しい様式を考案する必要があった。そして、文章を書くにあたって、マイクには手錠が必要だった。

マイクは最初、読者は長い記事を望んでいると訴え、抵抗した。

しかしその後、試験的に、アクシオスが構築したエレガントなインターフェースを使って、スマホの1画面に1項目の分量で、合わせて10項目の記事を完成させた。その効果は、書き手である彼には解放感をもたらし、読者には大いに喜ばれた。彼が書く語数は、半分にまで減ったのだ。

1▼あなたは「シェフ」である

スマート・シンプルは選択肢についても「スマート」でなければならない。読み手の選択肢を減らすことで、もっと読みたいと感じてもらえる可能性が高まる。

▼文章のシェフとして「厳選した料理」だけを並べよう。

▼何が重要かを読み手に判断させてはいけない。あなたは内容をよく理解し、考えを明快にまとめ、何が重要かを知っている。それを端的に伝えること。

2▼簡潔さは人気者

あなたと同じく、これはマイクにとってもとても難しいことだった。言うべきことがたくさんあると感じ、それをすべて盛り込みたいと思っていた。ところが、視点を自分自身ではなく読者に移すと、すべてが変わった。そして彼の文章は大幅に短くなった。

▼あるイースターの週末、マイクは家族と田舎で過ごしていた。作業をするにもWi−

Fiが弱く、そもそもニュースもたいしてなかった。「いまはイースターだ。ニュースレターがいつもの長さじゃなくたって、誰も文句は言わないだろう」。そこで「マイクのトップ10」ではなく、「マイクのビッグ6」を配信した。

▼月曜日にいつもの形式に戻すと、こんなメールがいくつも届いた。「ビッグ6版はどこで契約できますか」。彼の自尊心は傷ついたが、核心を突く反応だった。

3▼親切にすれば「信頼」される

自分は読み手に「仕えている」と意識すれば、注目を集め、報酬と信用を手に入れ、歓迎される。そしてあなたの言葉は相手に届くようになる。

▼最近自分が真剣に読んだ文章を思い浮かべてみよう。きっと簡単には思い浮かばないだろう。それなのに、なぜ「読み手は真剣に読んでくれる」と考えているのか？

▼あなたが情報を厳選していると理解されれば、「これに注目」と発信するだけで関心を引きつけられる。

4▼「ゲーム化」する

文章を「減量」するのは、じつは少し楽しいところがある。マイクはほかの記者が書いたニュースレターを編集するときはゲームを仕掛ける。言葉を刈り込み（ときには何百字にもなる）、書いた本人に何が消えたか当ててみるように挑むのだ。まず誰も当てられない。

▼これは言葉のダイエットだ。決して簡単なことではない。自制心が必要だ。だがうまくいけば、より健康的で、見栄えのいい自分になれる。

第12章

ニュースレターを活用する

スマート・シンプル・カウント

3700字
―――
7.5分

重要な事柄をいくつか伝え、読み手に注目してもらうには、スマート・シンプルで書いた、簡潔で素早く読めるニュースレターが最適だ。

なぜそれが重要か？

ニュースレター（メールでの情報配信）は複雑なビジネスやトピックに秩序と効率をもたらすため、職場や報道の世界で急速に人気が高まりつつある。

▼『ニューヨーク・タイムズ』だけでも、50以上のニュースレターを配信している。
▼自分でニュースレターを始めれば、読書クラブや学校のクラス、ボランティアグループ、同僚や上司のヒーローになれる。ただし、そのためには正しく書かなければならない。

行間を読む

誰もが社内メモを嫌い、報告書を無視し、メールを見落とす。私たちもそうだし、あなたもそうだ。スマート・シンプルのニュースレターは、たとえ小さなチームや友人グループ向けのものでも、魅力的で人気の読み物になりうる。小さなおまけ（画像、イラスト、プライベートの話、チームの写真など）を添えるのは、すぐに興味を引ける素晴らしい方法だ。

何かを伝えようとするとき、ＦＯＭＯ（Fear Of Missing Out ＝自分だけ取り残されることへの不安）を味方につけるのはいい考えだ。たとえば、社内の週刊ニュースレターの最後に、誰かの結婚の知らせを添えてみるなど。チーム内で自分だけがそのニュースを知らないという状況はなんとしても避けたいだろう。

「役所の文書」を簡潔にする

テキサス州オースティンの市長スティーブ・アドラーの広報部長を務めるエリザベス・ルイスは、短い情報を端的に発信していく世界を夢見ている。ところが、彼女のボスは言葉が豊富だ。

▼「市長は長い文書が好きですが、私たちが住む世界にはふさわしくありません」と彼女は言う。「そこで人々がどこにいようとも、彼らが望む方法で情報を消費できるようにスマート・シンプルを導入しました」

市長は彼女の強いすすめで、有権者とつながるためにスマート・シンプルを導入した。これが大好評だったため、ルイスはいまでは市の会議のあとにメディアに送る議事録の要約にも活用している。

▼「記者たちはできるだけ短い資料を望んでいます」と彼女は言う。「記者はそうやって情報を消費するもの。私もそうです。この件に費やす時間はたったの3分なのだ

と事前にわかったら助かるでしょう」

ルイスのもとには文字がびっしり並んだわかりづらいメールがたくさん届く。「まるで学生のときの文章問題みたい」とルイスは言う。

そして、書き手としても読み手としても、役所の文書が簡潔なスタイルに変化しつつあることを喜んでいる。

ルイスはコミュニケーションについて、「箇条書きだけを使う世界」を理想としている。

それはわれわれが思い描く世界でもある。

1▼「ニュースレターの名称」は短く

パンチがありつつ明快で、目的と意図をよく表す名称であること。

2▼「読者の時間」を尊重する

読者にどれだけの時間を要求するかを具体的に示す。われわれは「スマート・シンプル・カウント」と呼んでいるが、ワード数〔邦訳版では文字数〕と読むのにかかる時間を伝えるだけでかまわない。

▼平均的な人が1分間に読む分量は約265ワード〔日本人は平均400〜600字〕——本書ではこれを基準として所要時間を算出している。

3▼「見出し」は大胆に

最初の話題は「トップニュース」として書く。見出しの最初にそうあれば、そのあとに唯一最大の重要な話題があることを伝えられる。続く言葉は力強く、引き締まったものにする。

▼例：「トップニュース：当社の売却を決定」

4▼「レイアウト」を整理する

記事全体の見た目がよくなるように、フォントや文字サイズ、レイアウトにこだわる。スプレーで落書きをするのとはわけが違う。

5▼「トピック」を絞り、重要な順に並べる

スマート・シンプルの「スマート」には、選択のスマートさも含まれている。無駄なトピックが1つもないように万全を期し、読み手が本当に重要な少数の話題に目を向ける可能性を高めること。

1

アクシオス AM

2022年4月6日　マイク・アレン

2

ハッピー・ウェンズデー！　今日のスマート・シンプル・カウント：2300字、4.5分
ザカリー・バス編集
注目：ロシアに対する欧米各国による新たな制裁が本日発表

ビッグインタビュー：**明日**の東部標準時間午前8時30分、ジョナサン・スワンが上院共和党リーダーのミッチ・マコーネルにインタビューを行う。会場（DC）またはオンラインでの出席の申し込みはこちらから。

3

トップニュース：新たな労働力

Illustration: Lazaro Gamio/Axios

4

アマゾンの労働者による歴史的勝利が先週ニューヨークで達成されたことは、数十年間の衰退を経て全米各地で見られた労働組合の発展に拍車をかけることになるかもしれない。アクシオス・マーケットの共同執筆者エミリー・ペックはそう述べる。

- **なぜそれが重要か？**：労働者にもたらされた勝利は、労働市場の逼迫により、労働者がかつては考えられなかったような力を得ていることに由来する。

複数の要因が異例に重なり合ったことで（ホワイトハウスによる労働者支援、100年に1度のパンデミック、極度に逼迫した労働市場など）、スタテン島のアマゾン労働者たちは、従来から存在した組織的労組の力に頼ることなく、ダビデとゴリアテの戦いを彷彿とさせる大勝利を収めた。

5

・「**その衝撃**は、私たちの組合員とオーガナイザーのすべてに及んでいます」と200万の組合員を擁するサービス従業員国際労働組合のメアリー・ケイ・ヘンリー代表は言う。
・**スタテン島のオーガナイザーの主張**では、ほかにも国内50か所のアマゾン倉庫の従業員から接触があるという。

行間を読む：この勝利は、アマゾン物流拠点における労組結成の努力を怠ってきた従来の労働組合に対する非難でもある。

今後：他の大企業の経営陣は、今回の件が自分たちにもたらす影響に神経をとがらせている。

・**スターバックスCEOのハワード・シュルツ**は、従業員集会において、企業は「労働組合結成の脅威によってさまざまなかたちで攻撃されている」と述べた。

アマゾンは、スタテン島で行われた従業員投票に関する声明について以下のようにコメントした。「従業員が会社と直接的関係を築くことは、彼らにとって最善であると信じている。われわれは異議申し立てを含め、さまざまな選択肢を検討している」

6▼トピックに「番号」を振る

トピックの大まかな分量を見て、読むのにどのくらい時間がかかるのか把握できれば、読者は安心する。

▼トピックは5～10個が理想。それ以上長いのはニュースレターではなく本である。刈り込むこと。

7▼注意を引く「写真」を入れる

トピックに見合ったクールな写真を選ぶ。企業買収の記事にモンタナの大自然のパノラマ写真を貼らないこと。

8▼すべて簡潔に

各トピックを200ワード〔日本語で約500字〕以内に収める。これは読者の時間を尊重する姿勢にほかならない。

▼われわれの調査によると、200ワード以降は急激に読まれなくなる。必要ならば、読者が「さらに知る」ことができるように、レポートや記事、ウェブサイトなどへのリンクを張る。

9▼「笑顔」にする

最後はくすっと笑えそうなことや個人的なコメントで締めくくる。

▼私たちは記事の中に1つは、ジョークや楽しめるトピックを入れるようにしている。

10▼シンプルな「グラフ」や「図」を入れる

6

4. 百聞は一見にしかず

7

Photo: Chip Somdevilla/Getty Images

ハリス副大統領、バイデン大統領、オバマ元大統領が、医療費負担適正化法の可決12周年を記念するイーストルームでの式典に到着。

・**オバマの初**の古巣への帰還は退任からおよそ5年ぶり。

8

「**正直に言いますが**、私がここを離れてから、現大統領によっていくつかの改革が行われたと聞いています」。オバマは会場を和ませるような口調で言った。

・「**どうやら**、大統領護衛官にはアビエーター・サングラスの着用が義務付けられたようです（笑）。海軍の食堂はバスキン・ロビンスに替わったとか」

9

オバマはさらにこう言った──「今日はちゃんとネクタイを締めてきました。最近ではめったにないことですよ」

〈さらに知る〉

10

5. ベイエリアの明るい材料

全米で活気のある都市トップ25
ハートランド・フォワードによる2021年のレポートに基づく

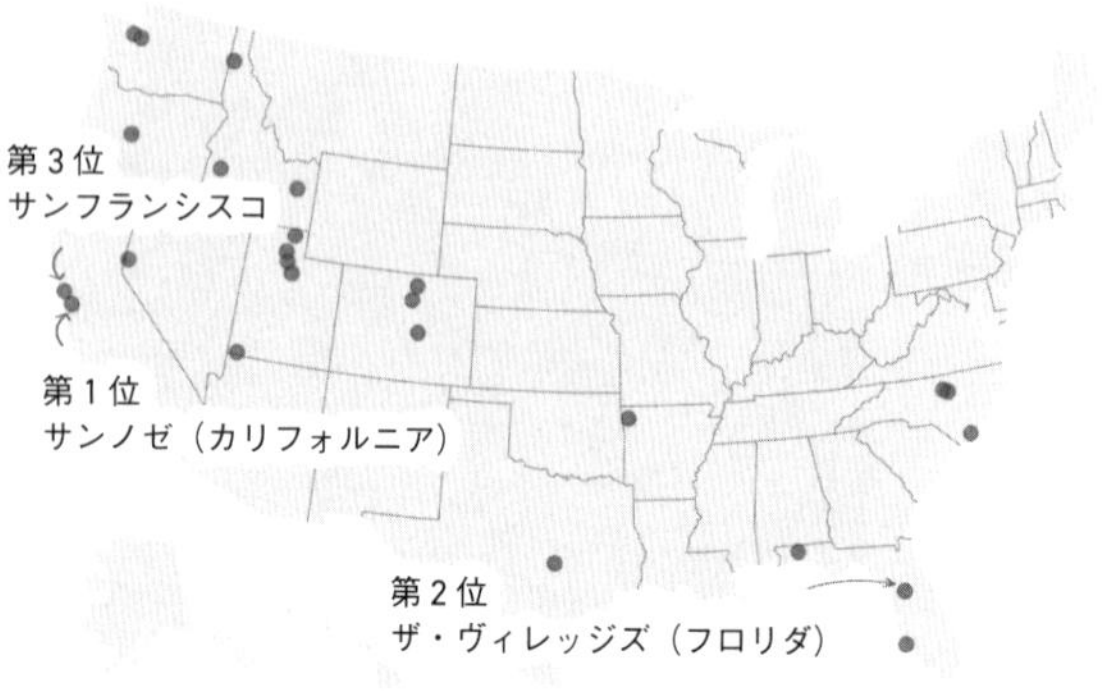

データ：ハートランド・フォワード「もっとも活気ある都市」レポート
地図：バイディ・ワン（アクシオス）

私たちが取り上げたように、在宅勤務が普通になってからベイエリアの人々が逃げ出した。しかし新たなレポートは、きわめて多くの著名人と労働者がこのエリアに住みつづける理由を再認識させるものである。

ダイナミズムに満ちたこの大都市圏には、多様な産業、新興企業と老舗企業の共存、娯楽の要素がそろっている。アクシオス・ノースウェスト・アーカンソーのワース・スパークマンが、ハートランド・フォワードのレポートから伝える。

・**指標は以下に基づく**。「最近の雇用の伸び率、賃金の伸び率、GDP成長率、企業活動に関する2つの指標（新興企業の活動の密度および教育水準の高い労働者の密度）……

第13章

「仕事」を簡潔にする

スマート・シンプル・カウント

3600字

7分

スマート・シンプルがもっとも効果を発揮し、欠かせないのは職場である。

なぜそれが重要か？

仕事上のコミュニケーションにスマート・シンプルを取り入れ、効率のいいやりとりを行うことで、職種を問わず、仕事の遂行能力と評価を飛躍的に高めることができる。

▼上司や同僚は、あなたがコミュニケーションを円滑にし、時間を節約し、有益な視点を提供していると気づくだろう――そしてあなたに報酬を与えるはずだ。
▼ほとんどの人は、仕事でスマートにコミュニケーションを取るのがひどく苦手なため、あなたは有利な立場に躍り出る。

全体像

職場での変革は時々《じじ》刻々《こくこく》と進んでおり、人々が交流し、目的を遂行し、抜きん出る方法も変化しつづけている。従来の職場では、トップダウン型で秘密主義の経営陣が、身を縮めて服従する従業員にあれこれ指図していたが、そんな時代は終わった。いまは仕事に透明性と意味を求める、理想主義的なリモート社員が登場している。これからは戦略や実行と並び、組織文化が重要になってくる。

▼この変革において、「コミュニケーション」は最前線に位置づけられる。手際よく、確実かつ単刀直入にコミュニケーションできる人が成功する。閉鎖的で雑然とした過去のやり方にしがみついていれば、身を滅ぼすことになるだろう。

私たちは小さなスタートアップからフォーチュン500に名を連ねる大企業に至るまで、さまざまな企業のCEOと話をする。おそらくみなさんもそうだと思うが、彼らもやはり、現代の情報量の多さに圧倒されている。未読のメール、スラックの未開封メッセージ、とりとめのないメモ、あまりに長くて退屈なため読む気になれない社内資料。そういったものに対処できずにいるのだ。

▼この状況は気力を奪い、職場に混乱を引き起こしており、多くの組織では、リモートワークによって人が散らばったその瞬間から、どの情報がもっとも重要なのか判断することが格段に難しくなった。

1930年代から世論調査を行ってきたギャラップ社は、人が仕事に満足し、長くとどまる要因が2つあることを突き止めた。それは、「同僚との親しい関係」と「エンゲージメントの高さ」である。

▼職場で疎外感を覚えている人々の74パーセントが、積極的に職探しをするか、新た

な仕事の機会をうかがっている。給与がほんの少しでも高ければ喜んで移るつもりだ。場合によっては環境のリフレッシュと引き換えに給与が下がることさえいとわない。

状況はまったく楽観できない。２０２１年の秋、ギャラップＣＥＯのジョン・クリフトンは、全労働者のうちフルタイムのオフィス勤務に戻ることを望んでいるのは30パーセントにすぎない、と指摘した。「望まない」と回答した人のほとんどは、フルタイムのオフィス勤務を強制されるなら、転職するか減給されるほうがましだと答えた。

このような状況のなか、魅力的で明快なコミュニケーション能力を身につければ、とてつもないチャンスになる。

世界中で組織のコミュニケーションを支援するエデルマン社は「トラスト・バロメーター」という調査を行い、２０２１年に「信念に基づく雇用者」と題した報告書を発表した。

そこで明らかになったのは、社員が雇用主に求める必要不可欠な要素として、「個人の成長を支援してくれるか」ということと「社会的意義」が、昇進と昇給に並ぶほど重みを増しているという事実だ。回答者のじつに61パーセントが、企業の社会問題へのスタンスに基づいて雇用主を受け入れるか、拒絶するとしている。

企業の価値を伝えることは、いまや最高の人材を引きつけるためにも、引きとめるためにも欠かせない。

社内のコミュニケーションにスマート・シンプルを取り入れた人たちは、各部門やプロジェクト、チームによる週次報告を定型の書式と流れに沿ったものにすることで、以下の点で役立っていると感じている。

▼価値観や戦略、カルチャーの共有の強化。
▼「もっとも緊急に対応すべきタスク」の、重要度順での共有。
▼社内の関係部門やクライアントに対する、プロジェクトの進捗のわかりやすい伝達。
▼重要な戦略的決定やアイデアのデータベース化。

アクシオスのヘビーユーザーへの調査によると、日々の業務にスマート・シンプルを導入すると、こうしたさまざまな仕事上のコミュニケーションにおいて、大幅な改善がみられることが判明している。

ヒントと秘訣

1▼「連絡」「説明」を簡潔にする

メールによる重要な連絡事項はスマート・シンプルで書く。これにより、あなたのコミュニケーションに一貫性とオリジナリティがもたらされる。

2▼「マネジメント」を簡潔にする

管理職の立場なら、毎週の連絡事項を簡潔でスマートなニュースレター形式で配信してみよう（第12章参照）。直属の部下たちにも倣《なら》うようにすすめるとよい。

▼新たな1週間に向けて組織の連携を深めるには、月曜朝のメールがもっとも効果的。

▼データによると、連絡事項の開封率を最大にするには午前中に送信すべきである。

3▼「プレゼン」を簡潔にする

パワーポイントは落書きの温床であり、目を酷使する拷問だ。多くの人が大量にスライドをつくり、アイデアや提案をよけいな工夫と言葉でかき消している。手っ取り早い解決策は以下のとおり。

- ▼プレゼンの冒頭では、第6章で述べたタイトルの秘訣を使って重要な考えを提示する。
- ▼それ以降のスライドでも同じように簡潔な見出しと、いくつかの箇条書きでポイントを伝える。箇条書きは、それぞれできるだけ短い1文に収める。
- ▼図版はシンプルなものを使い、あくまでも付加的なものとする（第19章参照）。
- ▼スライドはできるだけ5、6枚を超えないようにする。
- ▼最後は重要な考えをふたたび述べ、最初に戻って締めくくる。

最初に「結論」を言う

石油大手BP社の元広報責任者ジェフ・モレルは、スマート・シンプルを大企業で広めた初の人物だ。

なぜそれが重要か？

モレルは短期間で成果をあげた。彼の取り組みは、職場や学校、近隣地域において、どうやって注目を集め、情報伝達のあり方を再構築するかについて、指針を示している。また、モレルの取り組みは私たちが本書を書くきっかけにもなった。

背　景

モレルはBPに転職する前、国防長官ロバート・ゲイツの首席補佐官として国防総省で仕事をしていた。そこで目にして忘れられなかったのが、冒頭に「BLUF」

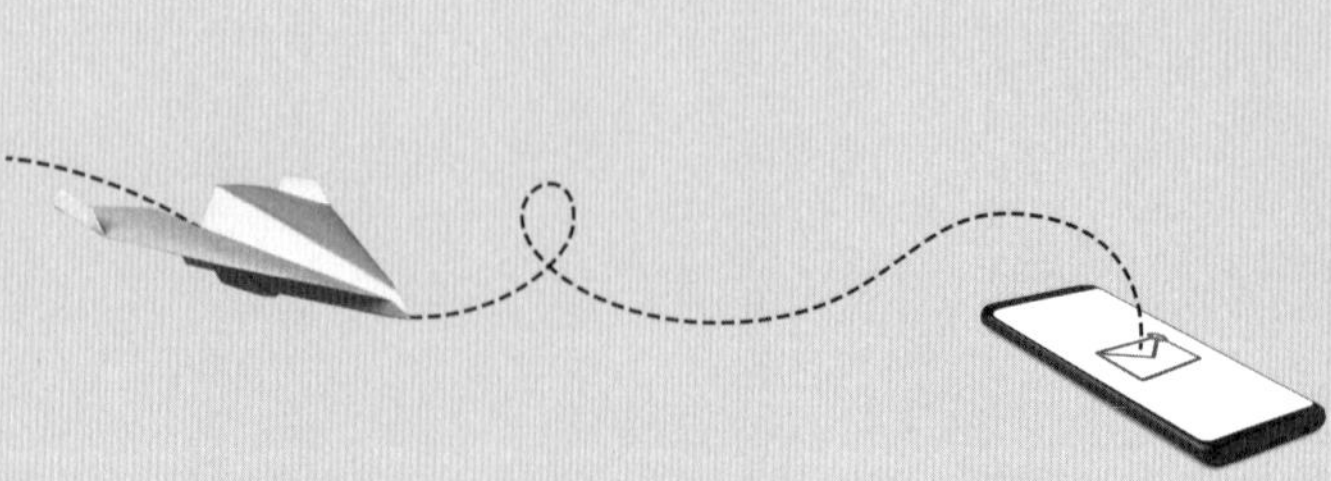

と表示された短い要約が置かれた長い内部文書だった。「BLUF」は「最初に結論を述べる（Bottom Line Up Front）」の略だ——スマート・シンプルの米軍版である。文書全体を読む者はごくわずかだったが、誰もが「BLUF」は読んでいた。

モレルはBPにもBLUFのようなものを導入したいと考えた。そこで私たちに、スマート・シンプルを教えてほしいと言ってきた。

彼はまず、BPのマネジメント層の足並みをそろえるため、社内向けにニュースレターの配信を始めた。名前は「事情通（In the Know）」を略し、「ITK」とした。それはすぐに全社に浸透した。

▼BPの世界各地の広報担当者500人以上がスマート・シンプルをマスターした。社員らは、スマート・シンプルの哲学に基づいて社内外の情報伝達の骨組みを構築した。その結果、メッセージの開封率は急上昇した。いまや国も言語も異なるリーダーたちが、簡潔さの伝道者へと変貌している。

モレルのヒントと秘訣

1▼スマート・シンプルは教えられる

モレルは箇条書きでは必ず能動的な言い方をするよう指導した。そしてみんな実行した。

2▼スマート・シンプルは「普通に書く」ことを強制する

モレルは、個人的なショートメッセージでは誰もが歯切れよい短文を書き、相手もすぐに内容を理解できるのに、仕事となるとぎこちなくごちゃごちゃした文書になることに大いに疑問を感じた。

3▼スマート・シンプルは「クール」になれる

モレルは幹部のあいだでヒーローになった。幹部たちは結果を見て、自分たちのチームにもスマート・シンプルの導入を望んだ。最初に「ITK」の執筆を担当したクリス・レイノルズは広報の花形となり、社内のさまざまな部署から秘訣を聞かれるようになった。

4▼スマート・シンプルは「伝染」する

魔法はすぐに、「ITK」と広報担当以外の社員にも広がった。モレルは「知るべき3つのこと」や「最重要の5つ」といった形式の社内文書をよく目にするようになった。

以前は会社の方針に関する文書には複雑な事柄が並び、まったく読まれていなかった。それがスマート・シンプルで書かれるようになって変わった。

さらにモレルは、BPの元社員やパートナー企業に対しても、スマート・シンプルを使って、会社の重要事項を効果的に共有できるようにした。

5▼スマート・シンプルは「応用」できる

いまやBPでは、人事評価や職場の安全管理についても、スマート・シンプルが活用されている。

第14章

「メール」を簡潔にする

スマート・シンプル・カウント
3800字
7.5分

ギャラップが本書のために行った調査によると、業務連絡の文章について、働く人の70パーセントが「もっと短くなること」を望んでいる。

なぜそれが重要か？

上司からの連絡を「きちんと読んでいる」と回答した人は、わずか半数だった。残りの半数は、メールでの業務連絡を無視するか、もしくは流し読みをしていることが調査からわかった。

▼多くの人のメールの書き方は「無視してくれ」と叫んでいるようなものだ。しかし、送信前にメールをスマート・シンプル化すれば、より多くの受信者にすぐに読んでもらえるようになるか、もっと効率的に流し読みをしてもらえるようになる。

▼これは職場で注目を集める戦いに勝利するいちばん簡単な方法だ。ジョージタウン大学で職場の効率性を研究するカル・ニューポートは、著書『超没入』(早川書房)のなかで、平均的なビジネスパーソンに押し寄せるメールの数は、2005年には1日50通だったのが2019年には126通に膨れ上がったと述べている。この変化にはいますぐ対応しなければならない。

いいメール

1つの例として、アクシオスの人事を担うチーフ・ピープル・オフィサーのドミニク・テイラーが、われわれに宛てて書いたメールを紹介する(次ページ)。見た目を整理しつつ、重要な詳細をコンパクトにまとめている点に注目してほしい。

新規メッセージ

件名：**【至急】新規採用の要請**

本社およびメディア部門の人事チームの組織改革に取り組むなか、すみやかにメディアチームに人材管理のディレクターポジションを設ける必要があると判断しました。

なぜそれが重要か？

わが社の社員数は年末までに400人を突破する見込みであり、これは年初の予測および見直し後の予測を大きく上回るものです。

・現在、人材管理の役割は私たちが兼務しています。今後予測される成長の規模を支えるにはさらなる処理能力が必要であり、ハイブリッドな環境ではなおさらです。
・離職者数の増加を回避するには、これまで以上に新規採用者を適応させ、既存社員のエンゲージメントを高めなくてはなりません。

どのように機能するか？

以下が新設ポジションを加えたメディアチームの組織図です。

人事暫定体制：2021年第4四半期

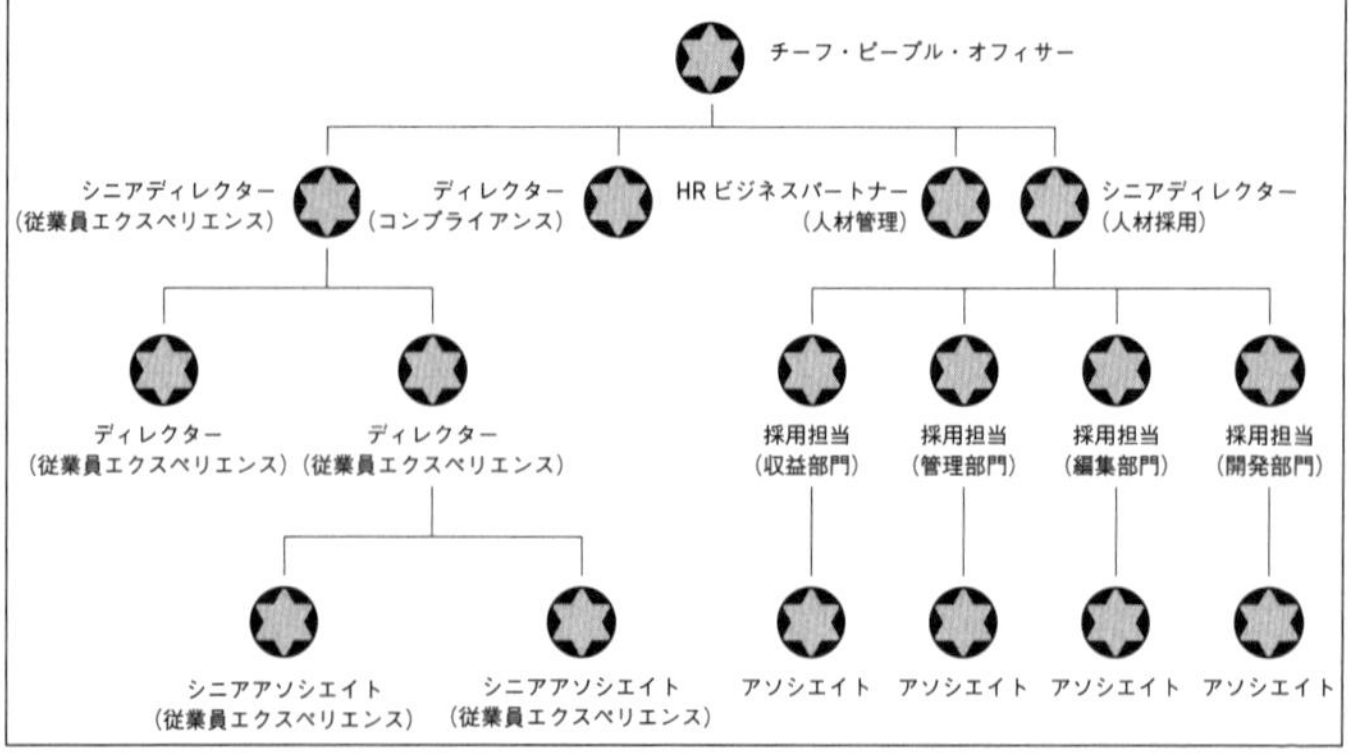

1▼短く、単刀直入、緊迫感のある「件名」にする

未熟なメールはぼんやりした件名で始まる。右のページのメールの件名は、受信者がメールをただちに開く必要がある理由を伝えている。

2▼最初の1文で「情報を伝える」か「質問」をする

相手に続きを読まなくてはいけないと感じさせること。

3▼「なぜそれが重要か？」という文脈を与える

メールではつねにこのフレームワークに基づき、そのメッセージが重要な理由と、その根拠を提示する。

4▼「箇条書き」にする

箇条書きは、流し読みをする相手にも、じっくり読む相手にも、もっとも重要なデータや裏づけを理解しやすくする。

5▼強調したい言葉や数字、名前を「太字」にする

これもまた、流し読みをする相手の視線をとらえるのに最適な仕掛けだ。

6▼シンプルで読みやすいレイアウトにする

レイアウトは、重要な点を詳しく述べるとき、メッセージに命を吹き込む手助けになる。

例1

スマート・シンプル導入後

新規メッセージ

件名：**スマート・シンプル、着実に拡大中**

チームのみなさん
金曜日にスマート・シンプルの公開研修を初開催しました。私たちの手法に興味をもつクライアントを対象とした、技能習得を支援する無料講座です。

なぜそれが重要か？

参加者はすぐに理解し、同僚たちが学べるよう、彼らの職場でも研修を行ってほしいという要望が上がりました。

数字で見る
- **16人のプロフェッショナルが参加**
- **6つの組織から参加**
- **3時間半の研修があっという間に終了**
- **わが社のツールで文書作成練習を2つ行う**

参加者の反応
「ワークショップでは、スマート・シンプルの秘訣を学ぶことができ、大いにためになりました。今後は、メールやSNSなど、ほかの日常のコミュニケーションにもスマート・シンプルを用いる方法を教えてもらえるとうれしいです」

今後
今回築いた関係の維持のため、来週全員にフォローアップを行います。

スマート・シンプル導入前

新規メッセージ

件名：**スマート・シンプルの研修**

チームのみなさん
2020年1月31日金曜日、初回となるスマート・シンプルの公開研修を開催し、好評を博しました。このたびの研修は無料で開催され、社内コミュニケーションの改善に関心を寄せるクライアントが参加しました。さまざまな分野の6つの組織から16人のプロフェッショナルを招待し、16人全員の出席となりました。

研修は3時間半にわたり、うち1時間は基礎研修、2時間半はワークショップが行われました。わが社のツールを使って2つの練習課題に取り組み、参加者がニュースレターの書式に慣れることを目標としました。研修では、うまくいっている点と改善の余地がある点について、いくつかの非常に有益なフィードバックが得られました。以下は一例です。

「ワークショップでは、スマート・シンプルの秘訣を学ぶことができ、大いにためになりました。今後は、メールやSNSなど、ほかの日常のコミュニケーションにもスマート・シンプルを用いる方法を教えてもらえるとうれしいです」――スマート・シンプル研修参加者より。

スマート・シンプルの事例と、アクシオス内部でのツールの利用方法についてさらに参加者と議論したところ、数人から各自のチームでこの方式の導入をさらに進めることに興味があるとの声が聞かれました。来週には参加者全員にフォローアップを行い、今後もそれぞれとの関係の発展を目指すこととします。

この件について質問があれば私に知らせてください。

例2

スマート・シンプル導入前

新規メッセージ

件名：**エクスペンシファイ利用に関する更新情報！**

社員のみなさん
　私たちは正式に新たな会計システム（セージ・インタクト）に移行しましたが、これに伴い経費精算ソフトのエクスペンシファイについて変更事項があります。サービス利用に関するエクスペンシファイからのメールをすでに受信した社員のみなさんは、経費精算情報を会計システムと同期させることができます。

　経費精算の申請は、改訂された「アクシオス経費精算規程」に従って提出してください。各自の立替えにつき、上司と経理部が承認したのちに支払いがされます。この方法がデフォルトの設定となります。

　添付のパワーポイントはエクスペンシファイの変更事項について、効果的な活用方法と修正事項に関する詳しい情報を掲載しています。ポイントは以下のとおりです。

・各部門は、これまでの「クラス」ではなく「部門」のタブの下に表示されます。
・「クラスおよびプロジェクト（スライド7)」は、部門横断的な案件や特別プロジェクトに関する説明です。

　このようにプロジェクトに関する支出を管理できる仕組みにより、個別の目標についてうまく対応できているかをより的確にとらえられるようになります。プロジェクトごとの支出を把握できるため、そうしたプロジェクトの予算管理を正確に行えるようにもなります。
「事業部ライン（スライド8)」は、支出を当社の3つの事業部のいずれかに振り分けるために使います。このフィールドは必須の入力項目です。

　新システムにアップグレードすることで、これからは事業分野ごとに効率的に会計を報告できます。それにより、各事業部の目標に対する進捗を詳細に把握できるようになります。

　かなり込み入った内容なので、2月上旬の全社会議でも説明する予定です。不明な点があれば、その際に質問してください。それまでに疑問があれば、どうぞ遠慮なく財務部にスラックまたはメールでお問い合わせください。

スマート・シンプル導入後

新規メッセージ

件名：**経費精算申請の手順変更**

みなさん
財務チームの業務迅速化のため、会計システムの切り替えを進めています。

実行のお願い
次回、経費精算申請を行う前に、エクスペンシファイの設定を「アクシオス・エクスペンス・ポリシー」に切り替えてください。
手順は以下のとおり。

1. エクスペンシファイにログインする。
2. 自分のプロフィール画像をクリックする。
3. 「アクシオス・エクスペンス・ポリシー」をチェックする。

進行中の申請書については、設定を更新してください。

1. 左のナビゲーションバーから「経費精算」をクリックする。
2. 該当する申請書を選択し、「詳細」をクリックする。
3. 「ポリシー」のドロップダウンメニューの「アクシオス・エクスペンス・ポリシー」をチェックする。

今後
アップグレードによりほかにもいくつかの改善がありますので（経費に関するいくつかの新しいフィールドなど）、2月上旬の全社会議で説明します。

・当面のあいだは、添付のパワーポイントにまとめた概要を参照してください。質問があればスラックで問い合わせてください。

第15章

「会議」を簡潔にする

スマート・シンプル・カウント

2200字

4.5分

やたらと長く、とりとめのない無駄な会議のせいで永遠に失った時間を振り返ってみよう。

なぜそれが重要か？

会議の時間を短縮し、スマートさと簡潔さを極めれば、チームの文化とパフォーマンスを変えることができる。あなたは他者の時間を尊重する人物として、さらには有意義な発言をする人物として一目置かれることになるだろう。

▼最初の一歩は、会議の効果的な進め方を学ぶことだ。4人に3人は良質な会議を行う訓練を受けたことがない。あまりにも多くの会議がひどい内容なのも無理はない。

▼誰もがあなたと同じである——ビジネスパーソンの90パーセントは会議中にぼーっとすることがあり、72パーセントは別の仕事をすることがあるという。

▼この章で紹介する原則を用いて、決まったやり方を確立し、明確な方向性を定め、よりよい成果を得ることを目指そう。

会議開始前

通常、会議の成否は始まる前から決まっている。

▼ばかばかしく聞こえるかもしれないが、まずは本当に会議が必要なのか考えよう。プライバシーに言及する場合や、容赦のない率直な発言が避けられない場合は、1on1で話すほうがいいかもしれない。

▼会議の招集者は「目的」と「議題」を設定し、事前に出席メンバーにメールで伝える（目的は単刀直入な1文、議題は箇条書きで3件まで）。

▼これはできれば前日の夕方までに行う。会議当日は予定が詰まっている出席者がいるかもしれない。前日の夕方までに知らせれば、考える時間をたっぷり与えることができる。

▼ジェフ・ベゾスは、これを極端な方法で行うことで有名だ。彼は会議中のパワーポイントは理解を促すどころか、むしろ誤解を生むとして信頼していない。「かわりに、私たちはナラティブ（叙述）形式で書かれた6ページの長文メモを用意しています」と株主への手紙のなかで述べている。「各会議のはじめに、いわば『自習時間』のようなかたちでそれを黙読するのです」

▼事前のメールは、シンプルな文が6つもあれば十分！

▼できれば、決めるべきことや、取るべき行動の概要を示しておく。

会議中

①**制限時間を設ける**：通常、会議はうまく行えば20分で十分だ。しかし多くの人は会議の内容を問わず、自動的に30分以上に設定する。職場でそんな文化を一新すれば、異彩を放つにちがいない。

▼スラック社の方式はスマートだ。会議は25分か50分のどちらかと決まっている。そのため、立て続けに予定が入っていても、次のアポに遅れることはない。コーヒーを飲むことだってできるかもしれない。

▼ミニ会議（5～10分）を試してみよう。必要以上に長く会議をせよという法律もなければ、筋の通った根拠もない。

②**「タイトル」から始める**：「タイトル」とは、事前のメールに記載した、会議の目的を伝える1文だ。冒頭で会議の主な目的をはっきりと伝えるのだ。何を解決し、話し合うのか？

③次に、「なぜそれが重要か？」を説明する：誰もが忙しく、会議をはしごして頭を素早く切り替えなければならない。多忙ななか、なぜその会議に時間を割く必要があるのか、理由を知らせること。

④具体的にどのような決定が必要なのか明確に述べる：会議の最後には、「結論」としてこの点に戻る。

⑤集中力と効率を保つため、流れをリードする：ピアプレッシャー（仲間からの圧力）を健全に利用するのだ。誰かが議題から逸れたら、「脱線している！」と言って笑顔でさえぎろう。ジェスチャーをまじえ、手を大きく左右に振るなどすればユーモアが加わり、雰囲気が和らぐ。

⑥全員の参加を促す：もっとも寡黙《かもく》な人がもっとも賢明な発言をすることはよくある。寡黙な人にも発言を促そう。誰しも意見を求められるのはうれしいものだ。

⑦残り2分になったら、議論を終わりにする：結論をまとめ、実行に移すべきことを明確にする。「業務時間内にメールで議事録を送る」と伝える。

会議終了後

会議の記憶が新しいうちに、確認事項を箇条書きにしたメールを出席者に送ろう。

▼このようなメールは、出席者から追加的なアイデアを引き出すことがある。場合によっては、次の会議をせずにすむかもしれない。

望ましくない会議

雑談をしたり、冗談を言い合ったりするのは、会議に早めにやってきたときのご褒美だ（世間話が苦手な人には罰になるが）。

開始時間になってもあなたがランチや週末の予定について話しつづけていたら、集まってくれた出席者に、「この会議はあまり重要ではない」というメッセージを送ることになってしまう。

▼出席者が多すぎる会議、議題が多すぎる会議、時間が長すぎる会議。同僚たちはおそらく、そんな会議を企画した犯人に何も言わない。しかし、みんなうんざりしている。そしていつまでも犯人を忘れないだろう。

正しい会議

定刻に始める文化をつくろう。

２００１年にジョージ・Ｗ・ブッシュ大統領がホワイトハウスの主となった最初の週、補佐官として絶大な影響力を誇っていたカール・ローヴが、大統領執務室での会議に遅刻した。大統領は別の補佐官に扉の鍵を閉めるよう命じた。以降、ローヴは２度と遅刻しなかった。

▼出席者に、時間厳守で集まってくれたことを感謝して会議を始めよう（ドアの鍵を閉めるまでするかはあなたしだいだが）。これによってあなたは、秩序を重んじるスタンスを明示して会議を運営できる。

▼責任の所在を明確にする。誰が何に責任をもち、いつまでに行う必要があるのかを明らかにして会議を終える。

第16章

「スピーチ」を簡潔にする

スマート・シンプル・カウント

3900字

8分

スピーチや乾杯の挨拶を聞いて、こんなふうに思ったことはあるだろうか――「これはすごい。もっと長く、もっとぼやけていてくれたら」。

なぜそれが重要か？

そんなことは一度もないだろう。素晴らしいスピーチをするために注力すべきは、聞き手が時間を割くに値する話をし、「いちばん大事なこと」を印象的で、長く心に残るようにすることだ。

スピーチに限ったことではないが、影響力を発揮するのに多くを語る必要はない。時代を象徴するきわめて有名なスピーチのいくつかは短かった。

▼リンカーンのゲティスバーグ演説：272ワード〔日本語で約700字〕
▼ジョン・F・ケネディの就任演説：15分未満
▼ジョン・クインシー・アダムズの独立宣言をめぐるスピーチ：たった3つの不可侵の権利

コミュニケーションの専門家ナンシー・デュアルテは、キング牧師の「私には夢がある」の演説や、スティーブ・ジョブズが2007年にiPhoneを発表したときのプレゼンなど、有名なスピーチのリズムや構成、内容を分析してTEDトークを行い、好評を博した。

彼女が指摘する、素晴らしいスピーチの「隠れた仕組み」をスマート・シンプル方式で表現すると次のようになる。

▼現状を示す――スピーチの主題に関して、いまどのような状況がみられるのか？

▼その現状をあなたが掲げる高い理想と対比する。

▼現状と理想のあいだを行き来する。

▼行動を呼びかける。

▼話者の考えを受け入れた場合に実現する理想郷を鮮明に描写して締めくくる。

ジョブズがゆっくりと、誘うように、ｉＰｈｏｎｅを発表した場面を思い起こそう。

▼ジョブズは自分が手がけた製品に驚嘆し、聴衆にどのような世界が待ち受けているかを想像させる。より快適で、未来的で、胸躍る世界だ。

▼ｉＰｈｏｎｅを手に取り、聴衆に見せ、これまでの携帯電話の欠点を挙げる。

▼電源を入れる。まるで月への扉を開くかのように。ｉＰｈｏｎｅに魔法のように神秘的に明かりがともる。

▼そして彼は、よりよい明日が来ることと、もっと多くのことが実現する未来を示唆《しさ》して発表を終える。

では再び地上に戻ろう。あなたはスティーブ・ジョブズではない。人類を永遠に変えるデバイスを発明中という人はほとんどいないだろう。願いは、なんとか笑い者にならずにスピーチを切り抜けたい、ということかもしれない。

私たち普通の人間に効果のある具体的な秘訣は以下のとおりだ。

①始める前に勝つ：あなたは人間なのだから、人間らしく振る舞うこと。話す内容を考え、自分の言葉で書き出す。多くの人が他人をまねようとしたり、ブロードウェイの芝居の主人公のように話そうとしたりしてしまうが、いつもの自分らしくすること。

▼残念ながら、スライドやメモ、プロンプターは補助役として望ましくない。自分自身と自分の言葉に集中すること。

▼5、6人と視線を合わせながらスピーチをする練習を何度も繰り返す。

②聴衆を意識する：運がよければ、聴衆はあなたのスピーチから要点を1つくらいは心にとどめてくれるかもしれない。しかし通常、聴衆は携帯をチェックしたくてうずうずしているか、実際にテーブルの下でチェックしているものだ。

とはいえ、スピーチはほかのコミュニケーションとは異なる。人々はある特定の話題について、あなたが話すのを聞きに来ている。第一声から聴衆を味方につけよう。それには、できればくすっと笑えるような、実生活にまつわる話から始めること。ただし、ウケる冗談や逸話を2つ以上披露するのは趣旨に反する。

▼冒頭のエピソードの長さをどれくらいにすべきか。それを判断するには、隣人に出会ったところを思い浮かべるといい。その場の雰囲気を観察すれば、相手をうんざりさせたり、退屈させたりせずに切り上げるタイミングを正確に見きわめられるはずだ。

▼つかみのエピソードは、時と場所を設定し、状況を説明し、起きたことを話す。それ以上は不要だ。

③いちばん大事な主張を抽出し、研ぎすます：それを一字一句書き出す。ぼんやりと把握しているだけではいけない。大事な考えがまとまったら、それを軸にスピーチを組み立てる。

▼確実に言えることが1つある。1文にまとめた結論を自分が把握していなければ、聴衆に伝わる可能性はゼロである。

▼大事な考えを「短い1文」にシンプルにまとめる。それから第10章で紹介した「適切な言葉」を参考にして、一字一句に磨きをかける。刺激的であればあるほど望ましい。聴衆はその考えを、プールサイドでくつろいでいる大切な人や同僚、友人に早く教えたいと思うだろうか？　そう思えないなら、さらに工夫が必要だ。

④聴衆の頭に主張を叩き込む：まずはこう言う。「みなさんに今日、覚えてもらいたいことはただ1つ」。それから「大事な考え」を鋭く、正確に伝える。すると聴衆は集中する。あなたは聴衆のために、彼らの脳がすべき「つかみどころのないもののなかから要点を選り分ける作業」を代行しているのだ。

⑤続いて「なぜそれが重要なのか？」と語る：「あなたにとってこれが重要な理由は……」と言ってもいいかもしれない。これは話の流れを保ち、聴衆に緊張感を持続させる効果がある。

⑥大事な考えを裏づけ、現実と結びつけるため、いくつかのデータやエピソードを展開する：番号をつけ、最初にいくつあるか伝えると効果的だ。「ポイントは5つあり……」というように。そして楽しく言おう。大げさな言い方で数字を言ってもいいし、ちょっと含みをもたせた言い方をしてもいい。

▼裏づけとなる統計データに番号を振ると、聴衆がメモを取るのに役立つ。しかし、これにはもっと重要な効果がある。話者が向かう先を心得ていることを示せるのだ。進むべき道を把握している姿を見せれば、聴衆はついてきてくれる。

▼あるいは、ナンシー・デュアルテが指摘するモデルに従い、あなたの考えを実行するとしないとではどれほど大きな違いがあるかを説明してもいい。

▼いずれにしても、論理的で、わかりやすい構成が欠かせない。そして、考えと具体

例をシンプルで共感できるものにすること。複雑にしたらすべてが台無しだ。

⑦最後に大事な考えを強調する：「忘れないでください、みなさんが1つだけ覚えて帰るとしたら……」

そして感謝の言葉を忘れずに。どんなことでも、最後は必ず丁寧に感謝の姿勢を示すように。そうすれば、聴衆もあなたを応援したくなる。

望ましくないスピーチ

ジョー・バイデン大統領は、2021年、コネチカット州ニューロンドンにいた。沿岸警備隊士官学校の卒業生たちに向けた28分間のスピーチを行うにあたって、頭のなかには確かな狙いがあったのかもしれない。

▼だが、うまく伝わることはなかった。卒業生たちは、大失敗した海軍ジョークをはじめ、ユーモアを発揮しようとする大統領の試みに冷ややかに応じた。

大統領はついに、ひどい侮辱の言葉を口にして失笑を買った。「きみたちはどうも反応が悪い」と、彼は明らかに苛立ちと絶望を漂わせた。「どうした、日差しでまいってしまったか？」

▼そして、これ以上ないほど悲痛な瞬間が訪れた。彼は絶対に言いたくないセリフを言うしかなかった。「さて、冗談はこれくらいにして……」

教訓

バイデン大統領には、伝えるべき大きなメッセージがなかった。その結果、立派だが記憶に残らないスピーチを読み上げた。聴衆の集中力が途切れると、彼の集中力も途切れてしまった。

バイデン大統領は彼らの心をつかもうとして、こんなふうに呼びかけた。

▼「世界は変化している。われわれは世界史の重大な転換点を迎えている。そして、わが国と世界は——アメリカ合衆国はこれまで、大きな変化の時代にあっても将来

の道筋をつねに描いてきた。たえず自らを刷新してきた。そして幾度となく、われわれが共に行えば、国家としてできないことは何もない、1つたりともないということを証明してきた」

なんてことだ。手直しさせていただきます、大統領。

▼「おめでとう、卒業生諸君。君たちは世界史の大転換期を生きている。そして永遠に続く大きな変化を、着実にもたらすことができる。それには……」

もやもやとぼんやりした一般論か、それとも短く鋭いパンチの利いた呼びかけか。比べるまでもない。

いいスピーチ

TEDトークでは、大きな考えをもったその道の第一人者たちが、繰り返し無駄のないスピーチをしてきた。

▼珠玉のスピーチイベントを主催するTEDが大事にしている秘訣を1つ紹介しよう。それは、すべての講演は18分以内とするということだ。

▼TEDの代表を務めるクリス・アンダーソンは、これを「聴衆の注意をつなぎとめられる短さ」だが、「大事なことを話せる長さ」であると述べている。悪くない処方だ。

これまでにもっとも視聴されたTEDトークの1つは、ソーシャル・ネットワーキングの専門家パメラ・メイヤーによる「嘘の見抜き方」だ。彼女はこの2011年のスピーチの冒頭でこう言った。「ここにいるみなさんを不安にさせるつもりはないのですが、ちょっと気づいたので言わせてもらうと、あなたの右の人は嘘つきです」

▼パメラはたったの1文で聴衆をつかんだ。

続けて、笑いを投下した。「嘘の見抜き方の本を書いてから、みんなが私に直接会いたがらなくなりました。『だいじょうぶ、あとでメールするから』って」

いい調子だ。これもたったの2文でまとめている。

▼それから、彼女は小さな見取り図を示す。「始める前に、まずはみなさんにこの講演の目的をはっきりとお伝えします」

▼そして大きな考えを示した。「嘘は共同作業だということです。ほかの誰かが嘘を信じると同意したとき、嘘に力が生まれるのです」

おみごと！

第17章

「プレゼン」を簡潔にする

スマート・シンプル・カウント

2100字
4分

あまりにも多くのプレゼンが、発表者にとってストレスが大きく、聞き手にとっては退屈で、どちらにとっても時間の無駄になってしまっている。

なぜそれが重要か？

ミニマルなパワーポイントの傑作を思い浮かべてみよう。言葉の数、スライドの枚数、気が散る要素をすべて最小限にするのが究極の理想だ。

▼提示するものすべてが、もっとも重要な点を導き、説明するように工夫する。そしてたんなる繰り返しを避け、関心と記憶の定着を妨《さまた》げる余計な要素を排除すること。

これは直感的につくったスライドや、ズームや会議室で経験するノイズだらけのスライドとは対極にある。

▼「広く使われている高価な処方薬があって、美しくなるとの触れ込みだったのに効果がなかったと想像しよう」。パワーポイントについて、情報デザインの専門家エドワード・タフティはそう語る。「それどころか、その薬にはしばしば深刻な副作用がみられた。私たちをふぬけにし、コミュニケーションの質と信頼を損ない、つまらない人間へと変え、同僚の時間を無駄にした。こうした副作用と、その結果としての費用対効果を考えれば、世界規模のリコールが起きてしかるべきである」

いまこそパワーポイントの使い方を見直すときだ。兄弟姉妹よ、まずは自分が変わろう。

▼あなたは話すこともできるし、スライドを使うことも、素敵な写真を見せることもできる。だが、聞き手に記憶してほしいことを明確に認識していなければ、どれも意味をなさない。

▼ニュースレター、メール、スピーチ、SNSなど、あらゆるコミュニケーション形態と同じことが言える。パワーポイントに触る前に、まず考えよう。

▼考えを研ぎすまし、自分が話す内容と「なぜそれが重要か？」を正確に（一語一句強い言葉で）理解すること。

あらゆるコミュニケーションに当てはまるが、プレゼンにはとくに重要な指針がある。それは、強調するためにシンプルにすること。語句、スライド、画像をできるだけ減らすように考える。要点から注意を逸らすものはすべて排除する。

そのうえで、以下に示すプレゼン特有の秘訣を実践しよう。

①**自分が望む結果を書き出す**：その主張を支える3〜5つのポイントを挙げる。

▼陪審員の前で主張するかのように、そのポイントを順番に整理する。これが全体の

骨組みとなる。

▼要求や望む結果は、スマート・シンプルの書き方に従い、短い文に磨き上げる。これにより、聞き手の意識がいちばん大事な要点に集中する。

②すべてのスライドを簡潔にする

▼1枚のスライドで伝えるのは1つのメッセージのみ。要点を長くても3秒で理解できるようにする。それぞれのスライドを看板だと想像しよう。時速100キロで通り過ぎる車から見て理解できるか？

▼調査によると、プレゼンにおいて、もっとも効果の低い伝達手段は文章である。したがって、文章を最小限にすること。

▼使用するフォントは1種類とし、ビジュアルの形式も統一する。

③画像でストーリーを鮮やかに語る：画像や図は文字のかたまりより格段に効果的だ。画像とほんの少しの文字を組み合わせること。関心と記憶の定着が飛躍的に高まるはずだ。

なぜか?

▼神経学者によれば、私たちが新情報を取り込むとき、脳は最大2つの刺激しか処理できない。たとえば、発話と図など。それに加え、いくつもの箇条書きを見せられたらどうなるだろう? 私なら関心を失う。スライドをくどくど読み上げる? そんなことはやめよう。聞き手はきっと脱落する。

▼分子発生生物学者のジョン・メディナは、画像情報の記憶は持続しやすいことを突き止めた。耳で聞いただけだと内容の10パーセントしか思い出せないのに対し、印象的な画像を加えると65パーセントにまで上昇する可能性がある。

④極限まで切り詰める:教育理論によると、プレゼンは、1つの大事な考えが3つから5つの論拠により裏づけられているときに、もっともよく理解される。ほかのあらゆる場面でのスマート・シンプルと同じである。

▼もしウォールストリートで働く友人がいるなら、手の込んだプレゼン資料作成のために、深夜まで膨大な時間を費やしているという話を聞くかもしれない。しかしそ

の資料は何の情報も伝えなければ、人を説得することも、意欲を高めることもない。

▼『ハーバード・ビジネス・レビュー』は、マッキンゼーのあるパートナーが、新規採用者にこんな鉄則を教えていると述べている――資料として用意したスライドが20枚あるなら、使うのは2枚にすること。

素晴らしいアドバイスだ。とにかく減らすこと。全部で10枚もあれば十分だ。

▼プレゼンは文字、画像、スライドの切り替え、音声が少なければ少ないほど研ぎすまされ、記憶に残りやすくなる。

⑤**はっきりと締めくくる**：できる営業マンさながら、具体的かつ率直に頼まなければ望むものは手に入らない。次の○○を埋めて締めよう。

▼「本日会議を開き、この資料を作成したのは、○○を得るため（みなさんに○○を伝えるため）でした」

▼極限まで短く要約したこの1文を最後のスライドにすること。

第18章

「SNS」を簡潔にする

スマート・シンプル・カウント
3200字
6.5分

ソーシャルメディアは関心を奪い合う戦いだ。

なぜそれが重要か？

コミュニケーションにおいて、SNSほど弱肉強食の環境はない。メールでは、誰かの注意を引くのに数秒の猶予がある。だが、Xやインスタグラムでは一瞬だ。

スマート・シンプルの無駄のない端整さは、Xやインスタグラム、フェイスブックの混沌とした投稿のなかで目につく。注意を引いて他者を押しのけ、クリックやシェ

www.washingtonpost.com
一対の研究が月に水があることを裏づける
新たな研究により、科学者たちが長年唱えてきた学説が裏づけられる——月は濡れている。

アを獲得する可能性が高まるだろう。
上の画像付き記事をポストする場合、どうポストするか？

▼つまらないポスト：月曜日に科学誌『ネイチャー・アストロノミー』に掲載された研究によると、月の表面には水があり、陰になっている多くの領域には氷が広く存在する可能性があるとのことだ。

▼魅力的なポスト：月は濡れている。

SNSで投稿する場合、勝利の方程式はクリックや購入といった何らかの行動を「求める」のではなく、相手に何かを「与える」ことだ——アイデア、スコア、笑いなど。

▼与えるものがあると、読者がコンテンツに関わる可能性が高まり、アルゴリズムはあなたの評価を上げる。

本書ではこれまで、読者や聴衆へのメッセージについて、「1つだけ記憶にとどめてもらいたいことは何か」ということを考えて提案しようと述べてきた。

▼SNSでは、その1点だけを伝える。注目度の高い情報で気を引く。驚くような引用で刺激する。印象的なデータで感心させる。

▼SNSは言葉の厳選を強いる。あなたのアイデアや文がどんなに優れていようと、X、インスタグラム、フェイスブックの投稿で多くの人に見られる文章はほんのわずかだ。

1▼「プラットフォームの特性」を意識する

▼「X」ではファクト、データ、注目の話題、最新ニュースなどが好まれる。スピードが命だ。

▼「インスタグラム」は変化している。以前はフィルターで加工した見栄えのいい写真が主流だったが、いまはニュースや情報を得るユーザーが増えている。インスタグラムの勝利の方程式は、目を引く画像に短く力強いコメントを添えること。インスタグラムの投稿にはリンクを張れないので、メッセージを凝縮する必要がある。

▼Xがスピーディーで、インスタグラムがクールなら、「フェイスブック」はホットだ。ここでは、あなたの意見に刺激的なひねりを加えると活気が生まれる。退屈な内容なら、ニュースフィードのすさまじい波にのまれ、跡形もなく消えてしまうだろう。

2▼「画像」にこだわる

閲覧者を引き込むため、シンプルで印象的な画像を選ぶ。3つとも視覚的なプラットフォームだが（Xはその要素がもっとも低い）、画像なしで言葉だけで戦おうとしたら、どこにいても敗者となる。

3▼スマート・シンプル方式の文章戦略を駆使する

力強くシンプルな言葉など、スマート・シンプルのすべての秘訣はSNSでも有効である。

以下、各プラットフォームの具体例を紹介する。

X

× 悪い例

数字が文章に埋もれている

Twitter User
@twitteruser

スポーツにおける多様性と倫理研究所によると、白人の構成比率は NBA18%、NFL27%、MLB59%、MLS38%、WNBA17%。メディアでは、スポーツ担当編集者、スポーツ記者、スポーツコラムニストは、それぞれ 85%、82%、80%が白人である。

午後 9:19・2022 年 9 月 19 日・Twitter Web App

○ いい例

箇条書きでわかりやすい

Kendall Baker
@kendallbaker

スポーツ
–🏀 NBA：18%白人
–🏈 NFL：27%白人
–⚾ MLB：59%白人
–⚽ MLS：38%白人
–🏀 WNBA：17%白人

メディア
–✍️ スポーツ担当編集者：85%白人
–✍️ スポーツ記者：82%白人
–✍️ スポーツコラムニスト：80%白人

データ：スポーツにおける多様性と倫理研究所

午後 6:28・2020 年 7 月 6 日・Twitter Web App

Instagram

× 悪い例

何を言っているのか？　文字がぎっしり

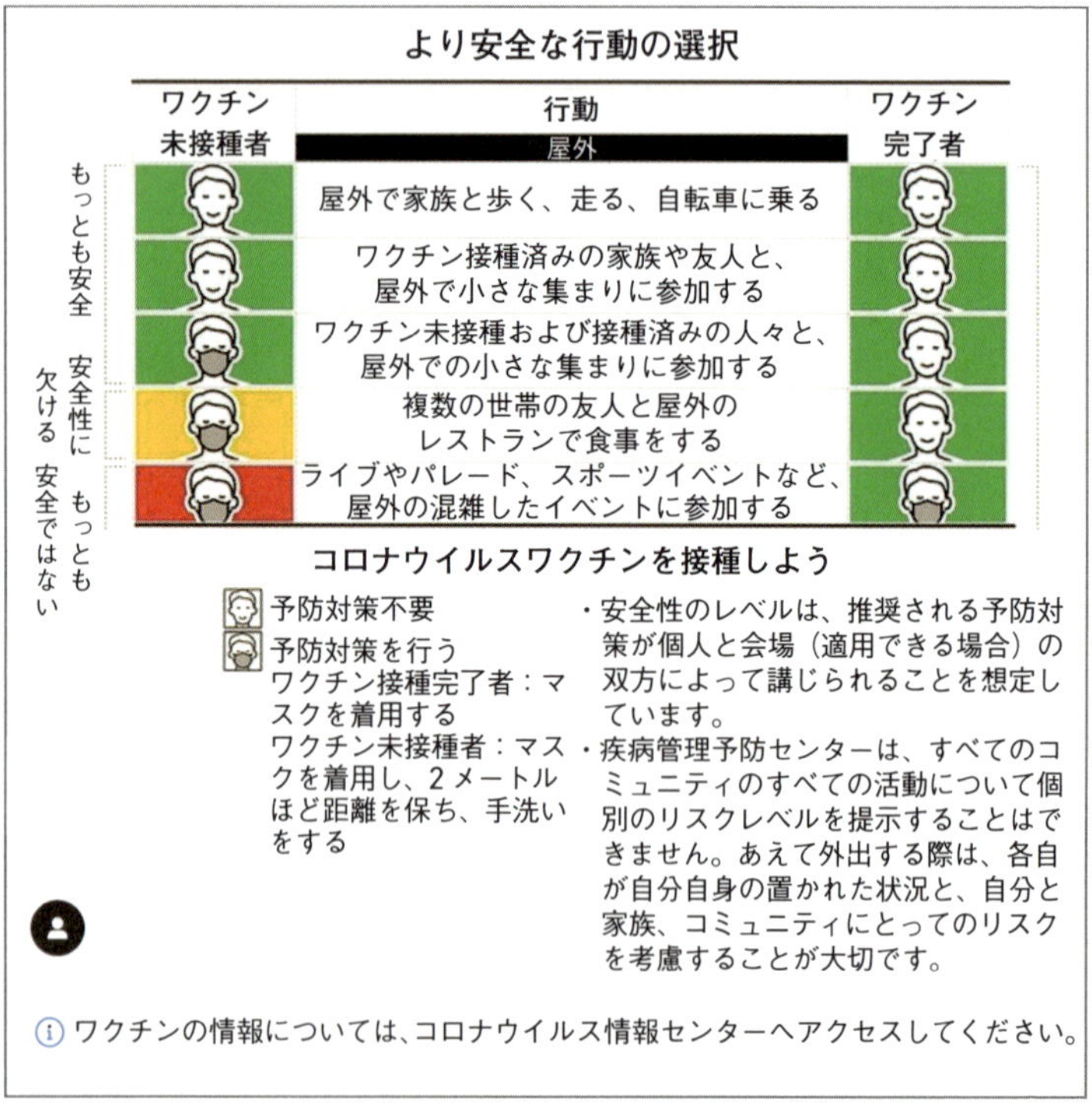

✕ 悪い例

タイトルが不明瞭でメッセージがごちゃごちゃ！

コロナ禍のマインドセット

ワクチン接種のメリット
接種後はできるが、未接種だと
絶対に回避すべき5つのこと

・屋内のレストランやバーでの飲食
・屋内のエクササイズクラスへの参加
・屋外の混雑したイベント（スポーツやコンサート）への参加
・映画館に行く
・合唱団に入る

コロナ禍での安全確保
未接種だと回避すべき5つの活動

・複数の世帯の人々との屋外での食事
・床屋や美容室へ行く
・屋内のショッピングセンターや美術館へ行く
・公共の交通機関の利用
・屋内で複数の世帯の人々が集まる場所への参加

ワクチン未接種だと絶対に回避すべき5つの活動

・屋外の混雑したイベント（スポーツやコンサート）への参加
・映画館に行く
・屋内の合唱で歌う
・屋内のレストランやバーでの飲食
・屋内のエクササイズクラスへの参加

○いい例

複雑な問題を文字に頼らずに伝えている

アメリカは国として
有給出産休暇が制度化されていない
8か国の1つ

8か国のうちいくつかの国は、この地図では小さすぎて確認できない。
制度化されている国の平均産休期間は29週。

0週　4週間以下　4〜12週間
12〜24週間　24週以上

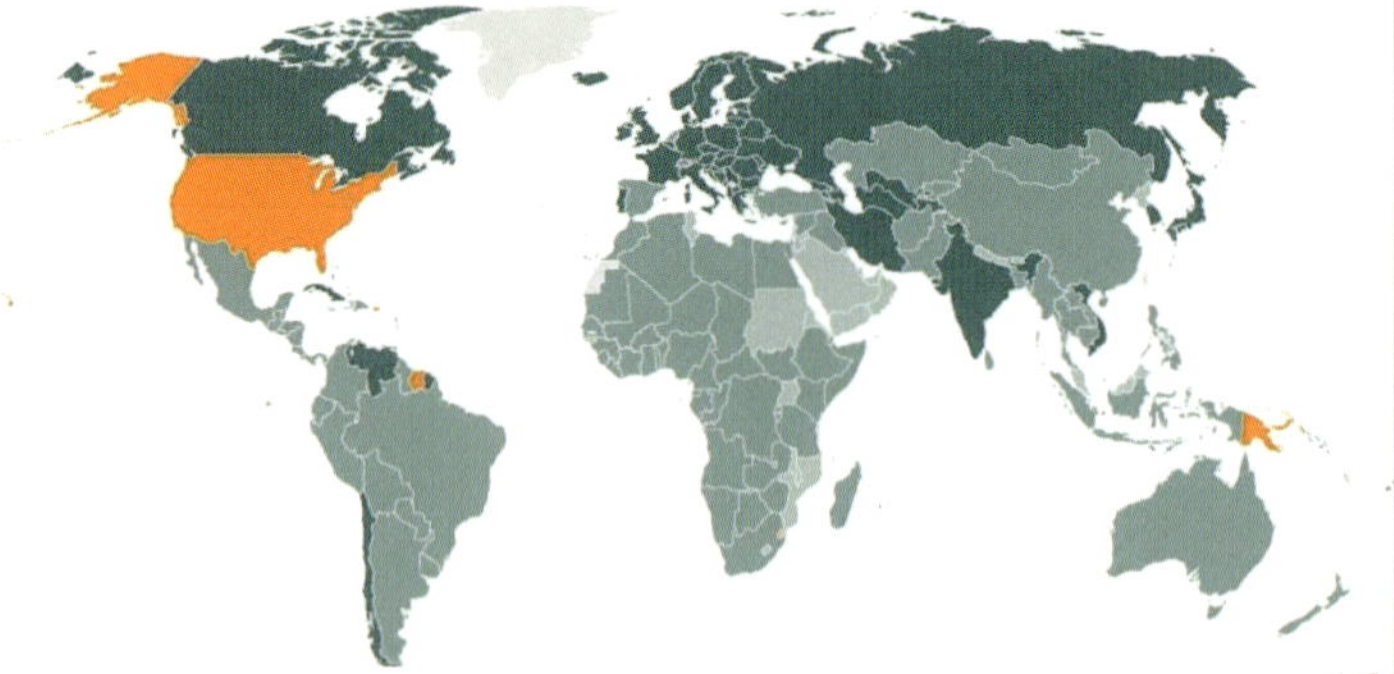

出典：カリフォルニア大学ロサンゼルス校世界政策分析センター

○いい例

何を伝えているのか一目瞭然

オゾン層は2050年までに完全に回復する見込み

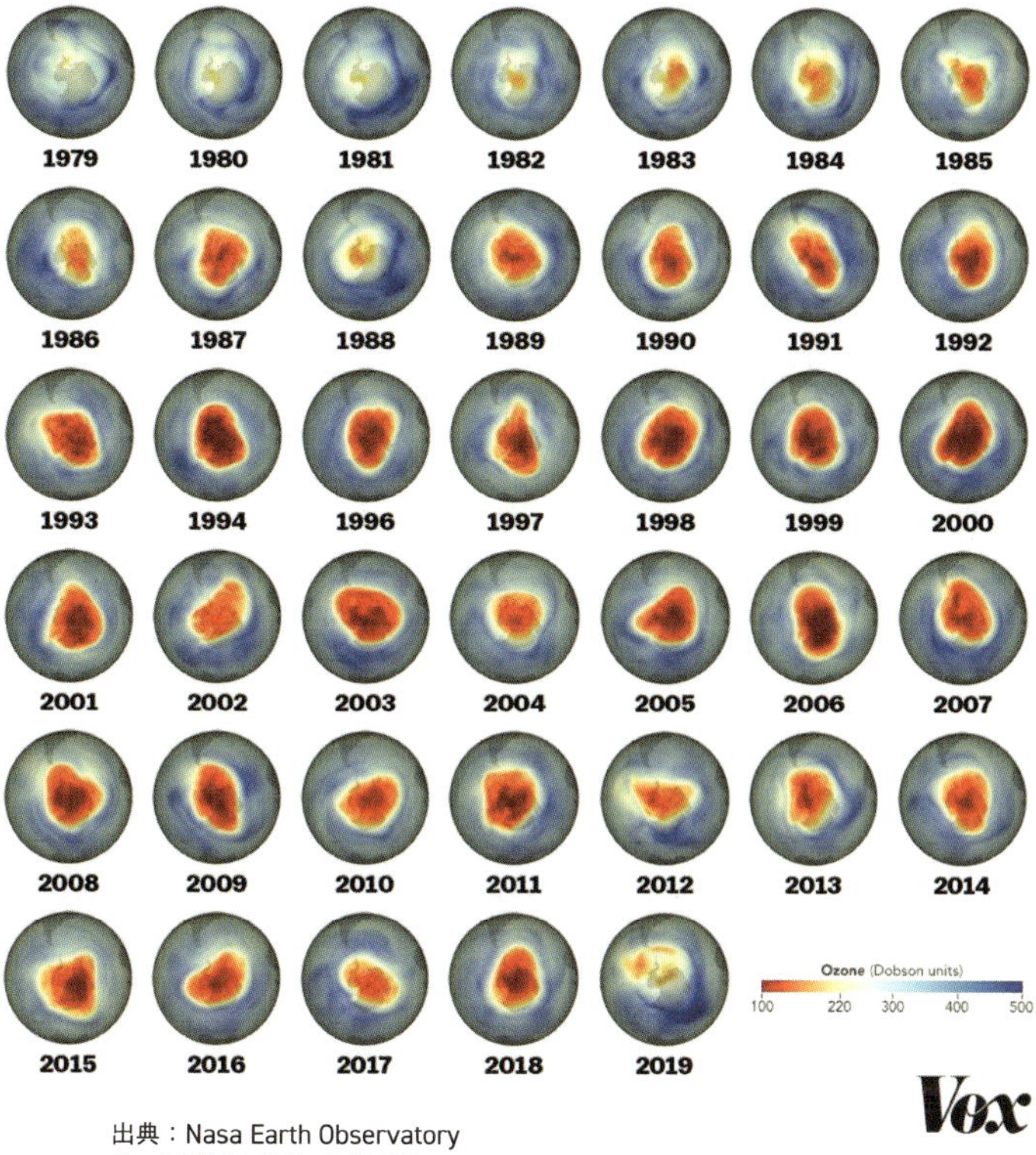

出典：Nasa Earth Observatory
注：1995年のデータは不明

Facebook

× 悪い例

メリハリがないため、何を言いたいのか不明

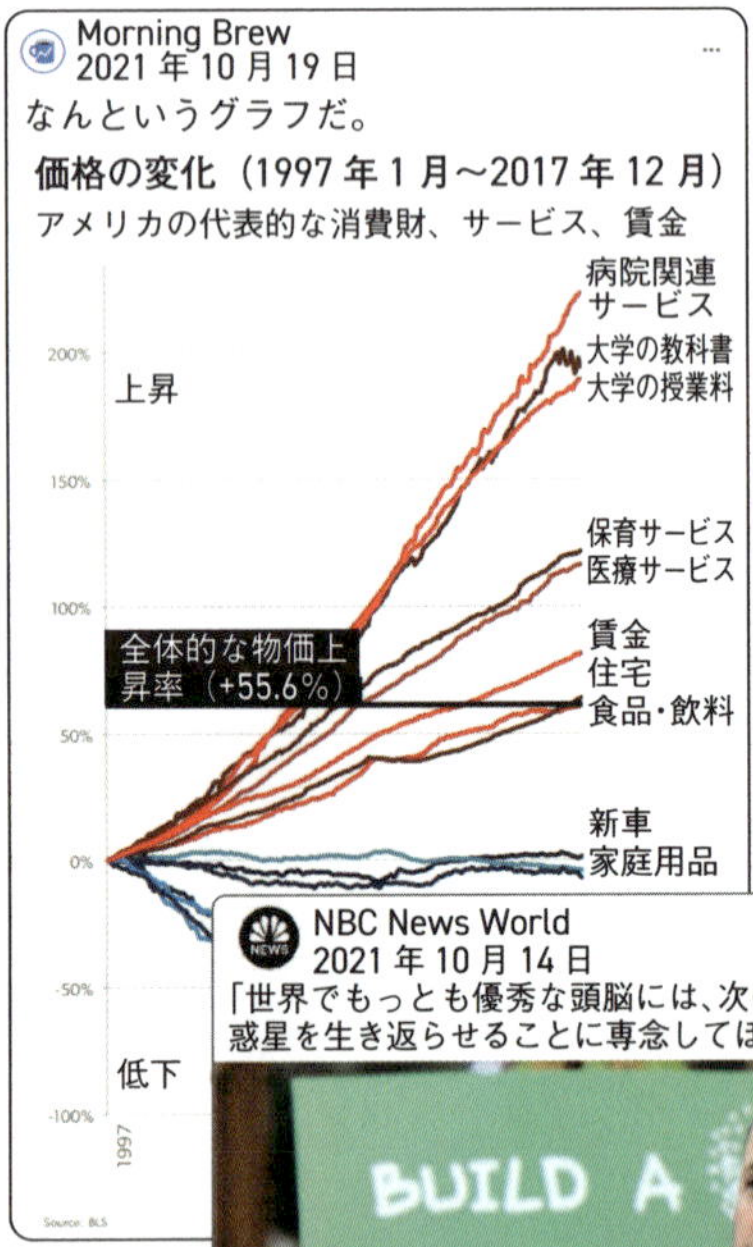

○いい例

上部のコメントで、インパクトのある情報を加えている

New York Post
2021年1月13日
ツイートは5時間で30万いいね！と3万のリツイートを獲得した。

NYPOST.COM
イーロン・マスク、「コメディを合法化する」というツイートが話題に
イーロン・マスクは水曜早朝、「コメディを合法化する」という謎めいた言葉を投稿して、騒ぎを巻き起こし……

興味深い話題であることが画像だけでわかる

アフガニスタンでの戦争により、アメリカは20年にわたり、1日3億ドルの負担を強いられ……

第19章

「資料」を簡潔にする

スマート・シンプル・カウント

1600字
3分

本書には各所にシンプルで印象的なアートワークを掲載しているが、スマート・シンプルがビジュアルにも応用できることが伝われば幸いだ。

なぜそれが重要か？

アクシオスでは「エレガントな効率性」を目指している。われわれはウェブサイトやニュースレター、マーケティング資料などのビジュアルをデザインするとき、次の1点にこだわる――もっとも簡潔で鋭く、見た目が心地よい表現はどのようなものか。

▼「文章を書くときとまったく同じように、デザインについてもヒエラルキー（階層）を設定し、読み手ファーストになることを指針とすべきだ」とアクシオスでビジュアルを取り仕切るサラ・グリローは言う。

写真などの視覚表現やデザインの基礎には、ヒエラルキーという考え方がある。視覚情報を構成する各要素にはそれぞれ重要性の違いがあり、それは、大きさ、色、コントラストなどの使い分けによって受け手に伝えられる。これはスマート・シンプルによる言語表現のヒエラルキーとあまり変わらない。

▼たとえば、本書の各章はどんなふうに始まるか見てみよう。まずは短いリード文で考えを示し、それから「なぜそれが重要か？」で詳細を説明している。

▼巧みなヒエラルキーは気づかれないことが多い。ヒエラルキーがうまくいっていないと、望ましくない順序で注意を引くことになる。

読み手を第一に考えるなら、すべてのビジュアル要素を「読み手にどのように解釈されるか」という視点に立って考えなければならない。自分にこう問いかけること。

▼このコンセプトは前提知識のない相手にも理解できるか?
▼すべての要素がわかりやすいか?
▼レイアウトは内容をどれだけ的確に表現しているか?

力強い画像があれば、見出しや本文がなくてもコンセプトが理解されるものだ。

教訓

ビジュアルの面でスマート・シンプルを達成するには、次のルールに従うこと。

▼コンセプトを強く、明確にする。
▼余分な要素は排除する。
▼画像がどう見えるか、つねに見る側の視点からチェックする。

アクシオスの記事から具体例を紹介しよう。テキサス州選出の下院共和党議員6名

の引退を報じる記事だ。

タイトルは「問題があることを認めるテキサス州共和党議員たち」。

アートワークのコンセプトは、象がテキサス州の小さな旗を振っているところを見せ、敗北の旗を掲げていることを示唆する、というものだ。

これはこれで成り立っているが、象と比べて旗が小さすぎる。ヒエラルキーの観点からすると、最初に目が行くのは象の頭だ。旗はそのあとになる。

象が目立ちすぎているため、読者によっては込められた意味がわからないだろう。

効果的にするには？

一部の要素を拡大し、象の大部分を取り去っ

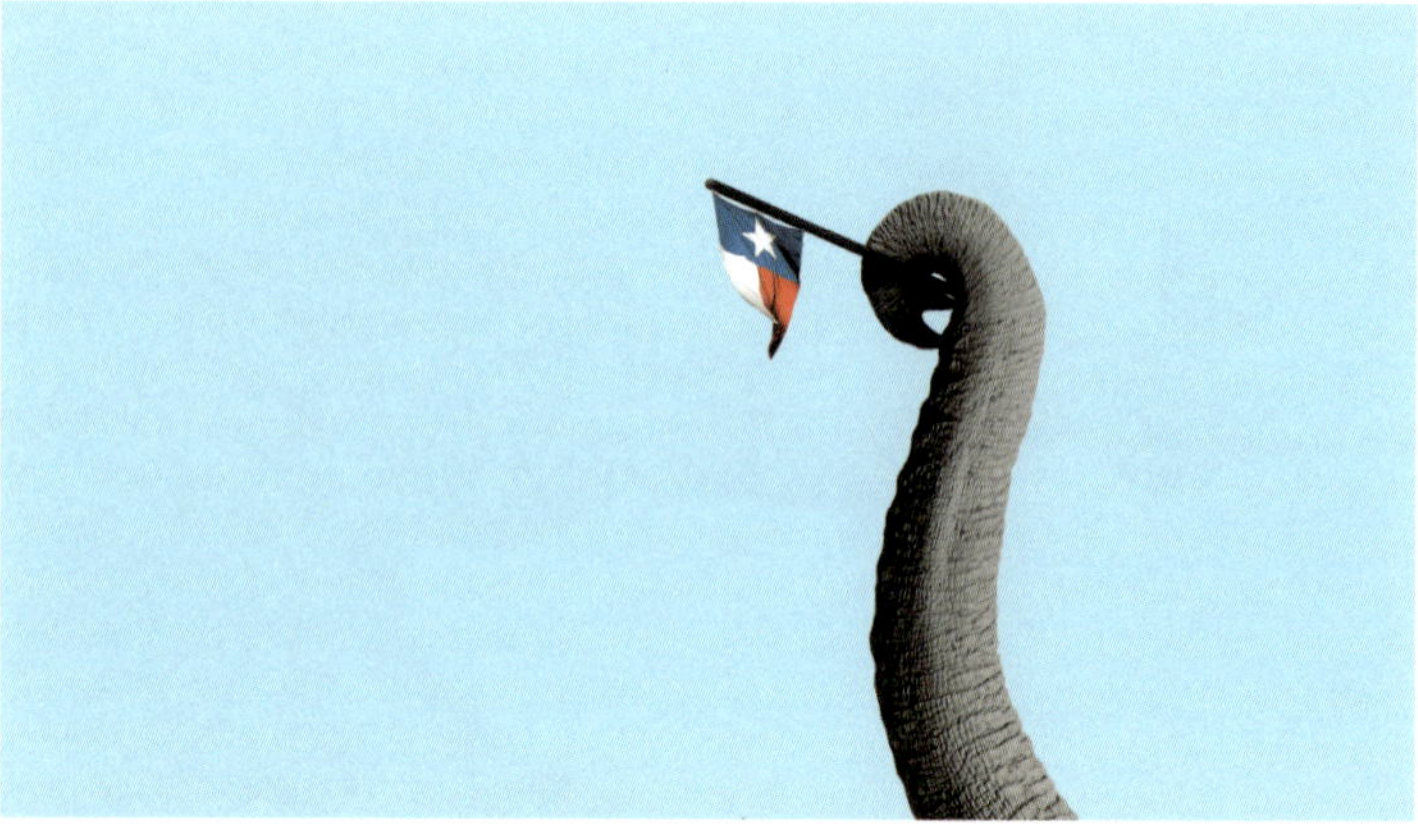

てみよう。

要素のバランスが調整され、意図したヒエラルキーに見合ったものになった。

余分な要素は象の体だった。

背景に大きな空白ができたことも、最初のビジュアルに比べてバランスがよくなった一因である。

アクシオスのスマートフォン向けサイトやニュースレターのデザイン（われわれは「スクリーン」と呼んでいる）の裏にはこうした細かな力学が働いている。

私たちはすべてのビジュアルに画素単位でこだわり、目が回るほどごちゃごちゃしたよくあるスクリーンではなく、できるだけ魅力的な見た目のページ作成に何か月も費やしている。

サラのヒントと秘訣

1▼「画像」と「見出し」で一瞬で心をつかむ

パワポを使ったプレゼンや、講演、発表での鉄則である。

2▼画像、デザイン、言葉は「ストレート」に

強いコンセプトを考え、それがシンプルに伝わるようにする。

3▼各要素の「目立ち方の順序」を明確にする

もっとも重要な視覚的メッセージがもっとも読者の目に入るようにすること。

4▼「文脈」を提供する

これは色、奥行き、背景などで表現できる。

5▼受け手に「思いやり」を

抽象化や煩雑さ、混乱を招くものは敵である。

第20章

「経営」を簡潔にする

スマート・シンプル・カウント

5000字

10分

これまで述べたことを私たち自身が実践していないとしたら、本書は無意味なたわごとだろう。だが私たちは実際に、会社のあらゆる運営をスマート・シンプルに基づいて行っている。

なぜそれが重要か？

スマート・シンプルはアクシオスの経営と文化の中心であり、そのおかげで私たちは包括的《インクルーシブ》で楽しく、クールな職場として、いくつかの賞を獲得してきた。

さらに知る

アクシオスは現在、社員数500人を上回るスタートアップ企業となり、活気と意欲にあふれ、とてつもなく透明性の高い文化を誇っている。全社員がアクシオスの株を保有しており、経営陣はどんな質問にも答えることにしている。例外は2つ、他の社員の給与と離職者が辞めた理由だけだ。この2点については個々のプライバシーを尊重し、口を閉ざしている。

▼こぼれ話：私たちは、全社員が匿名でなんでも（本当にありとあらゆることを）質問できるようにし、それがどんなに無遠慮でも、無礼でも、週に1度の会議で読み、回答することにしている。言うまでもなく、気まずい状況になることもある。

それでも、率直にコミュニケーションを取ると、魔法のようなことが起きる。事実を知らされていないせいで生まれる社内のゴシップや、無用のトラブルが一掃されるのだ。

私たちは各界のリーダーや友人たちに、右腕を選ぶなら経営や財務のエキスパートではなく、コミュニケーションの達人にすべきだと助言している。一般の人々、社員、株主、投資家、友人の誰もが、リーダーが何をしていて、なぜそれをしているのか知りたがっている。

▼コミュニケーションの失敗は、組織を混乱させたり、機能不全に陥らせたりするおそれがある。

全体像

いまや誰もが広報だ。人類がこれほど多くの言葉を発し、つぶやき、文字のやり取りをしたことはいまだかつてない。そして、耳を傾けてもらうのがこれほど難しい時代もなかった。あなたはコミュニケーションの達人になるか、達人の助けを借りるかすべきである。

▼どんな組織でもそうだが、アクシオスのスタッフも、私たち経営陣が何を支持し、何のために活動しているのかを知りたがっている。

だが一般に経営陣の多くは、そのような問いに答えるのがひどく苦手だ。

▼リモートワークやハイブリッドワークにより、迅速で明確なコミュニケーションは突如として喫緊の課題になった。遠く離れたウィスコンシンで働く営業担当者は、そのようなコミュニケーションがなければ、どうやってモチベーションを保ち、ニューヨークにいる上司とのつながりを保てるだろう?

▼プロジェクト・マネジメント協会によると、プロジェクトの失敗の30パーセントはコミュニケーションの不具合に起因している。取り返しのつかない事態というのは、ちょっとしたつまずきから生じるものだ。

▼エデルマン社の調査によると、離職者の大半がエンゲージメントの希薄化や孤立感を指摘している。

―アクシオスの社内ニュースレター

収益チームが配信する「ライツ・オン」、ローカルチームによる「クレインズ」、ウェブトラフィックのスペシャリストによる「クリック・クラック」、事業成長責任者による「ファネル」、営業チームによる「ザ・トップライン」……。

▼これらはアクシオス幹部が、定期的に配信しているニュースレターの一部だ。どれも社内の上司や同僚、チームメンバーに向けたものである。

なぜそれが重要か？

これは成果を上げたメンバーに成功事例をシェアする場を与え、部門間の健全な競争を促し、壁を取り払うことに役立つ。誰もがみんなの活動の意図を把握できるようになるのだ。

行間を読む

経営者の立場からすると、これらの最新情報は、誰かが会社の目標から逸れるおそれがある場合に、それを早い段階で知らせてくれる警報システムになる。週の終わりにはみんなが順調であると確認し、目を配るべき状況や、励ましや称賛の言葉をかけるべきポイントを見つけられるのである。

▼そして何よりも私たちが気に入っているのは、リーダーたちと1on1ミーティングをするとき、お互いに最新の状況がすでに把握できていることだ。その結果、イノベーションや発見、障害、混乱などについて、時間を有効に使って話し合うことができる。

詳細

こうした最新情報のなかでもとくに引きが強いのは、「よく読まれているニュースレターのタイトル」や、「新製品のプレビュー」「達成した収益額」などだ。

▼ニュースレターは、自分が読んだり聴いたりしているものや、愛犬の写真、チームメンバーのマラソンのデータなど、個人的な話で締めくくっている。どこにいても仕事のできるこの時代に、直接会うことがなさそうな同僚について知る大事な機会になっている。

教訓

コミュニケーションの危機はビジネスや最上層のリーダーに限った問題ではない。雑音や気を散らすものが増えれば増えるほど、耳を傾けてもらうには――さらには情報洪水のなかで情報を心にとどめてもらうには――明確さと効率が重要になる。

▼政治を見てみよう。権力はもはや地位や年功序列、金の力によって獲得されるものではない。権力を手にするのは、ケーブルニュースやXを使った、現代のコミュニケーションを極めた（もっと言えば操作する）人物である。

▼教師や牧師、小規模グループのリーダーなど、一対多のコミュニケーションを取るすべての人が、めまぐるしく進化するテクノロジーの荒波のなかで、人々の注意力を奪い合う困難に立ち向かっている。

これもまた私たちが苦労して学んだことだ。ポリティコでまだ経験が浅かった頃は、コミュニケーションや社内文化を軽視し、それぞれが自分の仕事をこなしていれば問題ないと思っていた。

だがそれは完全にまちがっていた。ポリティコは離職率があまりに高く、全米誌『ニュー・リパブリック』に「ブラック企業」と書かれたほどだ。私たちは変わる必要に迫られ、社員ともっと率直に、定期的に対話をするようになった。

▼アクシオスでは、読者に伝えるのと同じやり方で社内にも情報を発信し、離職率の点で好成績を上げている。始まりは「5大ニュース」と呼ぶものだった。これはスマート・シンプルのスタイルで書かれた週に1度のニュースレターで、私たちが考えていることや、取り組んでいることを重要なものから順に詳しく伝えている。単刀直入で面白く、必要不可欠な情報だ。

ジムは「5大ニュース」を毎週日曜日に書いているが、並々ならぬ手助けをしてくれているのが、チーフ・オブ・スタッフでアクシオスの精神的支柱でもあるケイラ・ブラウンだ。

彼女は以前から金曜日に最新情報のアップデートを流していて、経営陣もこうしたコミュニケーションをすべきだと提案した。そうして生まれたのが「5大ニュース」だった。

その後ロイが、幹部全員がそれぞれのチームに向けて同じことをしてはどうかと考えた。さらに、それらのニュースレターを幹部間でも共有することにした。

いままでは毎週、幹部の誰もが、会社の優先事項を重要度順に正確に把握している。幹部会議では最新情報をまとめた資料を用意するのをやめたが、「そんなことをしているなんて知らなかった！」とは誰も言わない。すぐに議題の検討に入れるようになった。

▼ジムは日曜日にニュースレターを書きはじめるときには、社内で起きている重要事項をすべて把握している。私たちは冗談で、ジムはメイン州の釣り船からでも会社を経営できる、と言っている。実際にケイラはよく、故郷のテキサス州カービルの家で仕事をしている。

ただし、最大の恩恵を受けているのは社員だ。蚊帳《かや》の外に置かれることや、方向性に戸惑うこと、目的がわからず混乱することは誰も望まない。

現在、アクシオスのチームリーダーたちは経営陣に報告をするときもスマート・シンプル方式でメールを送るようになっている。BP社でジェフ・モレルがスマート・

シンプルを導入すると、社員がそれに倣《なら》うようになったのと同じである。

そして彼らは、自分たちの熱意を軸に人を組織すべく、独自のニュースレターの配信も始めている。

「社内メッセージ」を簡潔にする

政界と企業の広報で20年以上働いてきたマット・バーンズは、現代の最大級の謎としてこんな指摘をする——人の消費習慣は進化しているのに、なぜコミュニケーションは進化していないのか？


バーンズは、ガンの早期発見に注力するシリコンバレーのバイオテック企業グレイルで広報の責任者を務め、いまはボストンのサイファー・メディシンに在籍している。

目下、大いに苦労しているのは、人々の注意を引いてその状態を維持することだという。

▼彼は社内で時間を奪う最大の原因となっている、ランダムなメールの抑え込みに取

りかかった。

バーンズはユナイテッドヘルス・グループで働いていたときにスマート・シンプルを使いはじめ、グレイルやサイファーに移籍後もそれを戦略の中核にしている。

雑然とした組織体制で素早く動きながら、新製品を次々と開発するスタートアップ企業では、効率的に情報を共有し、社内の足並みをそろえる必要がある。

▼とりわけ社内の若い研究者たちに語りかけるときは、効率が何よりも重要だとバーンズは気づいた。「彼らはメールを開き、一瞥《いちべつ》するだけです」

▼「彼らは時間を1分たりともおろそかにできません」とバーンズは私たちに語った。「会社全体の優先事項を把握し、組織文化に習熟するためにじっくりと情報収集しているような余裕はないんです。彼らには、簡潔かつ決まったタイミングで情報を届ける必要があります」

バーンズはグレイル社内のランダムなメールを削減するため、週に1度、「ザ・ランダウン（概要報告）」というニュースレターを配信するようにした。

▼これは750人以上の全社員の受信トレイに規則正しく届く。「かつての夕刊や朝刊のように」とバーンズは言う。

▼書き出しは陽気だ。「チーム・グレイルのみなさん、金曜日です！」。長さは毎回5分で読める分量だ。

最近では、バーンズは同僚から自分たちの案件も載せてほしいと頼まれている。

▼グレイルの無秩序な社内メールは、開封率が3分の1以下であることが珍しくなかった。しかし効率が増したスマートなニュースレターでは、開封率が90パーセント近くに達している。バーンズがサイファーで立ち上げた同様のニュースレターの開封率も、配信からわずか数か月で75パーセントに達した。

ヒントと秘訣——リーダー向け

1▼「ミッション」が重要

ビジネスを組織の魂と目的に引き戻すにはどうすればいいか？　「なぜそれが重要か？」を考えることが最適の手段である。

▼これはいくら強調してもしすぎることはない。ミッションはうんざりするほど繰り返したとき、ようやく浸透しはじめる。

2▼「ストーリー」を聞かせる

あなたが過去1年間に書いたニュースレターのすべてを誰かが読んだとしよう。そこにはあなたが何をして何を考え、何を達成したのかが伝わる明確で力強いストーリーがあるだろうか。すべての記事、すべてのニュースレターにそれがあるべきだ。

▼人はすぐに退屈する。他人が書いたものをわざわざ読まなければいけない理由を説明してくれる、信頼のできるストーリーが必要だ。

▼新入社員には、最初から全力で業務に取り組めるように、入社前の数か月間の「5大ニュース」を送っている。

3▼「ペテン師」にならない

誠実に、信頼できることを書く。読み手はだまされない。煙に巻くような表現や、のらくらとしたごまかしは気づかれる。ただちにやめること。

4▼投げ出さない

スタッフとは少なくとも週に1度はつながりをもつ。ニュースレターをサボりたくなってもこらえること。仲間がサボることを望まないなら、模範を示すことだ。

5▼「謙虚」であれ

あなたがCEOやリーダー、あるいはマネージャーなら、成功していて、きっと賢明なことだろう。それでも、感謝の気持ちを表し、まちがいを認め、自分をからかってみせること。そうすれば他のリーダーたちも、企業のお偉方によくある尊大な振る舞いをやめるはずだ。

6▼「まね」を奨励する

魔法の効き目が本当に表れるのは、周囲があなたと同じやり方で、似たようなリズムでコミュニケーションを取りはじめたときだ。

スマート・シンプルが外部の読者にとってだけでなく、社内でも大きな変化をもたらすことに気づいてからは、各チーム内の連帯が格段に高まった。誰もが自分のストーリーを話すのを楽しみ、チームのすべてのメンバーの動向を把握している。

第21章 スマートなコミュニケーション

スマート・シンプル・カウント

2700字

5.5分

多様性を受け入れる包括的《インクルーシブ》なコミュニケーションでなければ、効果的なコミュニケーションをしているとは言えない。

なぜそれが重要か？

インクルーシブなコミュニケーションとは、性別、人種、肌の色、宗教、性自認、年齢、身体能力、性的指向などを問わず、すべての人にとってわかりやすく、共感でき、信頼のおけるコミュニケーションのことである。

▼スマート・シンプルの原則は、バックグラウンドやさまざまな能力の違いを乗り越えるうえでも役立つ。単刀直入で余分なものがそぎ落とされているからだ。わかりやすく、対立を生まないように設計されている。
▼スマート・シンプルは慎重に実践されれば、コミュニケーションの普遍的なスタイルになる。発信者が抱える文化的偏見や個人的事情のほとんどを自然と洗い落とす。
▼また、失読症などの学習障害のある人々や、英語が母国語ではない人々にも、重要事項をわかりやすく伝えることができる。私たちはグローバル化した時代の多様性に富んだ世界に住んでおり、スマート・シンプルの原則はかつてないほど重要になっている。

勝利するには？

自分には死角があることを理解し、それを意識して多様な声を引き上げるように努める。

▼典型的な例：アクシオスは3人の白人男性によって始まった。私たちにはこれまで見逃してきた人生経験が山ほどある。かなり意識的に追求しなければならない視点もじつに多い。

▼アクシオスでは、採用においても、意思決定に関わるメンバーの選定においても、多様性、公平性、包括性を創業期から重視してきた。

自分の死角について考えてみよう。それは本章の冒頭で触れた人々の属性のいずれかに関するものかもしれない。ほかにもイデオロギーや出生地、収入など、挙げればきりがない。

▼そこで、何かデリケートなことや複雑なテーマについて書くとき、もっと言えば本当はどんなことを書くときも、自分とは異なる経験をしてきた人や、異なる人生を歩んできた人に意見を聞くべきだ。

多様性を考慮した記事を書くため、アクシオスのニュース編集室で実践している慣例があるのでいくつか紹介しよう。

▼特定の人物について書くときは正確を期す。アジア系アメリカ人、中国系アメリカ人等々、その人の自己認識を確認する。また、本人が好むジェンダーの代名詞の確認も忘れないこと。
▼人やコミュニティのステレオタイプを少しでも助長するおそれのある表現や写真は用いない。

次はとくに貴重なヒントだ。

▼あるアイデンティティを別のアイデンティティと「交換」してみよう。ある人種や民族を別の人種や民族に、ある国籍を別の国籍と入れ替える。それでもその文の言葉や意図に偏りがないか確認する。

スマート・シンプルが味方になる状況がさらにもう1つある。不必要な情報を省くだけで、落とし穴を避けられることが多いのだ。アジア系アメリカ人ジャーナリスト協会はこう指摘する。

▼「その話に人種、民族、宗教、国籍は関連性がありますか？　関連がない場合や、関連性を説明せずにそうした属性を示す表現を用いる場合は、有害なステレオタイプを助長するおそれがあります」

クリアな文章を心がけることは、不用意な誤解や攻撃を避けるのに大いに役立つ。私たちは「障害とジャーナリズムに関するナショナルセンター（ＮＣＤＪ）」のガイドラインを読んで、文章を書くうえで非常に優れたルールであると気づいた。

▼「障害への言及は話題との関連性がなければならない。可能であれば、医師の診断、その他資格のある専門家の見解など、信頼できる情報源による確認を取ること」
▼「可能なら、当事者にどのような表記を望むか問い合わせる。当事者の都合がつかない場合や、意思疎通が図れない場合は、信頼できる家族や擁護団体、医療専門家、障害者を代表する関連組織に問い合わせる」

結論

相手の感情を害したり、混乱させたりすれば、その人を失うことになる。そのニュースレターやプレゼンのときだけでなく、永遠に。

▼具体例：全米学習障害センターは、子どもの5人に1人が学習障害であるとしている。これが大人にも当てはまるとすれば全米で約5100万人だ。読者や聴衆の20パーセントに相当する可能性がある。

ロイのストーリー

イングランドのエセックス州イルフォードの町の教師たちは、ロイのことを問題児と見なしていた。ロイはそのせいで、自分が間抜けで強情だと感じていた。綴《つづ》りはめちゃくちゃで、成績はひどかった。

▼イルフォード・カウンティ・ハイスクールに通っていたとき、7年生の国語の授業でひどく傷つけられた——30年後のいま、彼が学習障害の子どもたち向けに講演する際、いつも話すエピソードだ。授業で、あるレポートが返却された。またもぱっとしない成績で、赤い線とコメントでいっぱいだった。

▼「短くて、あまりよいとは言えません」と先生は書いていた。「辞書を持っていないんですか?」

ロイは間抜けではなかった。先読症だったのである(ロイの先生がこれを読んだなら、自分が間抜けだったと思うだろう)。

1▼「明快な言葉」で書く

そうすることで、伝えようとするメッセージをよりよく理解してもらえる。歯切れがよく明快な言葉を用い、誰もが理解できることが重要だ。このルールを用いれば、学習障害がある人々の役に立つだけでなく、母国語が異なる人々の助けにもなる。

2▼いつでもどこでも箇条書き

ビジネスの場では箇条書きが大いに好まれ、ロイはビジネススクール在籍中から明確な意思疎通のために箇条書きを使ってきた。箇条書きにすると、重要な事柄を構成要素に分解して理解できる。

実際によくあることだが、1文にいくつもの要点が入り交じっていると、読み手や聞き手を失うことになる。

3▼シンプルに、そして短く

複雑さは混乱を招く。抽象化は人を遠ざける。長文は読者を失う。情報通ぶった巧妙な記述や飾り立てた表現を削り、短く率直な文章を書けば、大切な考えや最新情報についての共通の理解を軸に人々をまとめることができる。

ロイは大学と職場での経験をこう振り返る。「自分はほかの人たちとかなり違うということがわかった。失読症は私の人生に大きな苦痛をもたらした。だが、贈り物もくれた。問題を解決し、人より一生懸命働き、成長する方法を確立しなければならなかったのだから」

結論：私たちは学習障害をもつ人々や、言葉に不自由な人々のためにスマート・シンプルを生み出したわけではない。多様性を促進するためでもなかった。しかし、実践してみてわかったが、スマート・シンプルはそのすべてに貢献している。

第22章

簡潔化早見表

スマート・シンプル・カウント

1700字
―――
3.5分

スマート・シンプル実践のための簡単な指針を紹介する。

なぜそれが重要か？

これは基本中の基本だ。何度か試すうちに脳が適応し、スマート・シンプルを自然と実践できるようになるだろう。

指針

1▼権威であれ

あなたは「信頼できる情報源」でなくてはならない。問題を理解し、新しいことや重要なことを評価し、それを正確に、興味を引くやり方で抽出するために、扱っているテーマのエキスパートでなくてはならない。

▼エキスパートであれ、さもなければエキスパートを見つけよ。

2▼シンプルに

忙しい読み手の時間を尊重することに徹すること。あいまいな論旨で不満を感じさせず、読み手が効率的に必要な情報を得られるようにすること。

▼短く、しかし浅くはしない。

3▼人間らしく

人のあらゆる感情や知識、表現の陰影などを用いて伝えられるとすばらしい。だが、親しみやすく、会話をするようにメッセージを伝えられるともっといい。

▼話すように書く。

4▼明快に

簡潔さのために言葉を切りつめ、最終的に読み手に示すものは「親しみやすく、明快で、短時間で通読できるもの」でなくてはならない。

▼クリアで歯切れのいい文章で語る。

「スマート」に組み立てる

書く前に、全体をどのようなものにしたいか、はっきりイメージを思い浮かべることから始めよう。イラストや写真は必須ではないことが多い。

タイトルや件名は……

▼十分に短いか？
▼明確で具体的か？
▼力強い言葉を使った平易な表現か？

リード文や冒頭の文章は……

▼1文で文書の趣旨をズバリと表せているか？
▼いちばん記憶してもらいたいことを伝えているか？
▼タイトルや件名と重複していないか？

× BEFORE

2021年の在宅勤務計画に関する最新情報

当社では引き続きコロナの影響を注視しており、本日は年内の今後の計画に関する最新情報をお知らせすることにします。

○ AFTER

リモートワークの選択肢が延長

2021年末まで全社員が在宅勤務を選択できることとします（ただし必須ではありません）。

メッセージの「意義」を説明する

▼「なぜそれが重要か?」と入力し、太字にする。
▼対象に定めた相手のことを思い浮かべる。
▼その相手に向け、この情報をシェアする理由を1文で単刀直入に説明する。

自分に合った「アクシオム」を使う

▼アクシオムは自分の業界、人柄、スタイル、口調、トーンを考慮して考える。
▼それぞれのアクシオムについて、読み手の心に響くように、さらにふさわしい言い換えはないかさまざまな候補を考える。

情報は「整理」して伝える

▼伝えたい情報について、データや関連事項のまとまりを分割して、箇条書きにする。

「最終確認」をする

▼この時点で、かなり整然としたメールや資料、その他のコンテンツができあがっているはずだ。読んでほしい相手に的を絞った内容になっているか、冒頭は読み手を引き込むように組み立てられ、本文は読みやすく、ストレスなく読み進められるよ

うに工夫されているかを確認する。

私たちが最後に行ういくつかのチェックは、おそらくみなさんにも親しみのあるものだろう。

▼**正確さ**：編集の過程で必要な詳細や絶対に不可欠なニュアンスが抜け落ちていないかを確認する。不足があれば追加する。

▼**まとまり**：すべてがわかりやすく流れているか確認する。簡潔にするため、つなぎ言葉などの要素を削ることがあるが、最終的に伝達内容にまとまりがないと感じたら、削った語句のなかで重要性の高いものを復活させる。

▼**人間らしさ**：いちばん大事なことだが、自分が書いたものに声や人柄が感じられるか確認する。スマート・シンプルを試してみた際、文面がぶっきらぼうになったとか、そっけなさすぎると感じたとしたら、やりすぎである。そんなときは時間を取って、少しばかり「人間らしさ」を吹き込もう。

▼これであなたの言葉は鋭く、無駄がなく、誠実なものになる。コミュニケーションが、これまでよりはるかに短く、スマートで正確なものになるにちがいない。

なぜそれが重要か？

私たちは、あなたが私たちと同じ発見をしてくれると信じている。本書で紹介した「ヒントと秘訣」は、人の注意を引きつける戦いに勝利する手助けになる。あなたは耳を傾けてもらえる存在になるはずだ。

謝辞

スマート・シンプルは、著者である私たち3人が中心となってアクシオスを立ち上げたときに抱いていたビジョンである。

それから5年、いまでは150人を超えるアクシオスのジャーナリストと、アクシオスHQを構築する大きなチームによって、スマート・シンプルは何度もテストされ、改良を繰り返してきた。

なぜそれが重要か？

スマート・シンプルは力をもたらす。文字の入力を始める前に、自分の考えに磨きをかけることが重要な最初のステップとなる——本書のこの教えに従えば、威厳と影響力をもって情報を伝えることができるだろう。

アクシオスのナンバーワン社員で、チーフ・オブ・スタッフのケイラ・ブラウンに特大の感謝を。彼女がいなければ本書は生まれなかった。本書に私たちの秘伝のソースを封じ込めるため、着実に魔法を操り、最適化してくれたのは彼女である。

以下の方々に心より感謝する。

ジムの妻で言葉の真の達人であるオータム・バンデハイ。

ロイの妻でスマート・シンプルの背骨とも言うべきケリー・シュウォーツ。

ワシントンで屈指の人気書籍エージェント、ラフェ・サガリンは、「スマート・シンプル」の書籍化の最初のビジョンを見出してくれた。

伝説的出版社、ワークマンのチームのみなさん。初回のズーム会議からこの企画の価値を信じ、その後は各部署の見事な専門性を駆使し、私たちが無事着地できるように助けてくれた。

アクシオスの全ファミリーにお礼申し上げる。みなさんが日々生み出す魔法がなければ、本書は誕生しなかった。

以下の方々に心より感謝する。本書に命を吹き込むうえで類いまれな貢献をしてくれた。アイーダ・アメール、サラ・フィッシャー、チェン・カオ、ジャスティン・グリーン、サラ・グリロー、サラ・グー、トリスティン・ハッサニ、エミリー・インベルソ、ニコラス・ジョンストン、ダニエル・ジョーンズ、デイヴィッド・ネーター、ニール・ロスチャイルド、アリソン・スナイダー、ジョーダン・ザスラフ。

そして、本書のために話を聞き、調査のサポートをしてくれたアクシオスの友人たちにお礼申し上げる。エディ・ベレンバウム、マット・バーンズ、ジョン・クリフトンとギャラップのチーム、ジェイミー・ダイモン、インディア・ダン、ミーガン・グリーン、アンナ・グリーンバーグとジェイソン・アシュレー、エリザベス・ルイス、アリス・ロイド、ジェフ・モレル、リサ・ロス、マーク・スミス、ロナルド・ヤローズ。

ジム・バンデハイ（Jim VandeHei）

アクシオス共同設立者兼CEO兼会長。ポリティコ共同設立者兼元CEO。アクシオスは現在670万の定期購読を誇り、過去10年間で最も成功したデジタルメディアの一つとなった。これまでウォール・ストリート・ジャーナル、ワシントン・ポストの記者も務め、10年以上にわたって大統領と議会を取材、2015年にはベン・ブラッドリー年間最優秀編集者賞を受賞。本書は世界16か国で刊行予定、アメリカだけでも25万部を超えるベストセラーになっている。

マイク・アレン（Mike Allen）

アクシオス共同設立者。ポリティコ共同設立者。アレンによる「ポリティコ・プレイブック」は、全米で朝のニュースレターブームを生んだ。タイム、ニューヨーク・タイムズ、ワシントン・ポストなどで豊富な記者経験をもつ。

ロイ・シュウォーツ（Roy Schwartz）

アクシオス共同設立者兼社長。フォーチュン500社で広く使われている社内コミュニケーション・プラットフォーム「アクシオスHQ」を立ち上げた。ギャラップ経営コンサルティング部門パートナー、ポリティコCRO（最高収益責任者）などを経て現職。

須川綾子（すがわ・あやこ）

翻訳家。東京外国語大学英米語学科卒業。訳書に、ブライアー他『アマゾンの最強の働き方』、フォッグ『習慣超大全』、ブルックス『人と企業はどこで間違えるのか？』（いずれもダイヤモンド社）、マグサメン他『アート脳』（PHP研究所）、レズリー『子どもは40000回質問する』（光文社）などがある。

Simple 「簡潔さ」は最強の戦略である

2024年９月10日　第１刷発行
2024年10月25日　第３刷発行

著　者――ジム・バンデハイ、マイク・アレン、ロイ・シュウォーツ
訳　者――須川綾子
発行所――ダイヤモンド社
〒150-8409　東京都渋谷区神宮前6-12-17
https://www.diamond.co.jp/　電話／03･5778･7233（編集）　03･5778･7240（販売）

ブックデザイン―小口翔平＋神田つぐみ（tobufune）
本文DTP――キャップス
校正――――LIBERO
製作進行――ダイヤモンド・グラフィック社
印刷――――勇進印刷
製本――――ブックアート
編集協力――編集室カナール（片桐克博）
編集担当――三浦岳

ISBN 978-4-478-11766-8

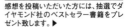